Gaston Gendron

Les grandes légendes québécoises

REDÉCOUVREZ CES HISTOIRES QUI
ONT MARQUÉ NOTRE IMAGINAIRE

D0840715

Révision : Jérôme Mailloux-Garneau
Correction d'épreuves : Audrey Faille
Conception graphique et mise en pages : Folio infographie
Illustrations : Jocelyne Bouchard

Imprimé au Canada

ISBN-10 : 2-89642-001-0
ISBN-13 : 978-2-89642-001-8

Dépôt légal – Bibliothèque et Archives nationales du Québec, 2006
© 2006 Éditions Caractère

Gouvernement du Québec – Programme de crédit d'impôt pour l'édition de
livres – Gestion SODEC

Sommaire

Introduction

En débutant l'écriture de ces contes, je me suis immédiatement posé la question suivante : pourquoi le Québec est-il une terre fertile en légendes de toutes sortes ? Nous pourrions certes y trouver quelques réponses dans notre historiographie, bien que notre pays possède une histoire relativement récente comparativement à celle, par exemple, de la Grèce ou de l'Égypte. Nos origines diverses, ainsi que nos personnages religieux ou épiques plus grands que nature qui ont marqué notre histoire ou notre mémoire populaire, ont tissé les fils de notre imaginaire collectif. Mais au fond, les histoires fantastiques décrivant des exploits extraordinaires ou des destins tragiques sont universelles ; on a qu'à penser, bien sûr, à l'*Iliade* et à l'*Odyssée* d'Homère. D'ailleurs, il n'est pas rare qu'une même légende voyage dans plusieurs pays et prenne alors la couleur locale, c'est-à-dire qu'elle se moule aux accents voire à la sensibilité de la culture populaire. Par exemple, *L'auto-stoppeuse*, ce petit conte de fantôme, aurait vu le jour dans l'état du Vermont, aux États-Unis. Or, dans notre Belle Province, il semble bien que nous l'ayons adoptée selon nos goûts et nos coutumes. Ainsi, sûrement que cette légende de la jeune auto-stoppeuse en robe blanche a déjà fait le tour du monde et, fort probablement, sur le pouce…

La légende est un récit vivant à caractère merveilleux ou fantastique où des faits inspirés de la réalité sont transformés par l'imagination populaire ou par l'invention poétique d'une seule personne. Elle peut donc être créée de bout en bout par un esprit mystique ou poétique en phase avec son époque, mais, le plus souvent, la légende émane de la résurgence de l'inconscient collectif se projetant dans un certain idéal afin de se représenter à soi-même ce qu'il est. En ce sens, la légende permet de nous identifier comme peuple, mais tout en nous permettant de nous sublimer également. Bref, la légende est le puits de l'imaginaire d'un peuple, d'une culture.

La tradition orale contribue à rendre la légende non pas telle que les événements ont réellement eu lieu, mais bien comme nous pouvons encore nous les imaginer. Le conteur s'approprie donc cette légende pour mieux la restituer aux yeux et aux oreilles de ceux et celles qui l'écoutent (ou la lisent). Ainsi, le conteur fait sienne la légende, la façonne à son gré, selon sa culture et ses idéaux, pour lui donner la couleur voulue, le plus souvent la sienne.

Quels sont les ingrédients des légendes québécoises? D'abord, il faut un personnage marquant ou hors de l'ordinaire. Au demeurant, comme vous le constaterez en lisant ce recueil, le *Diable* est partout et c'est donc lui qui, pour une bonne part, façonne notre imaginaire collectif. Dans *Rose Latulipe*, *Le Diable danse à Saint-Ambroise*, *La Griffe du Diable* et même dans *La chasse-galerie* et la légende *Le pont de Québec*, la figure du Mal se manifeste abondamment. Si ce n'est le Diable incarné, certains personnages prennent néanmoins des allures démoniaques, notamment l'histoire tragique de *La corriveau* qui nous trouble jusque dans les méandres les plus sombres de notre âme.

En fait, le Diable de nos légendes québécoises participe-rait de l'héritage de notre lourd passé religieux, s'accordent plusieurs. En effet, tout personnage légendaire ou toute légende doit être remis dans le contexte de sa culture popu-laire. Par exemple, chez nous, toutes les bonnes gens succom-bant au vice reçoivent la visite du Diable ou, du moins, en récoltent un mauvais sort. Cela est dû au fait qu'à une cer-taine époque, le clergé exerçait un contrôle si serré (voire démesuré) sur les mœurs et la conscience populaire que les gens en étaient venus à redouter l'Enfer plus que tout, ainsi que le Diable qui peut nous y amener, voire enfermer en nous jetant un mauvais sort. Par exemple, selon l'Église, la danse était au Diable ce que la prière était à Dieu. Ainsi la danse soulevait les passions, menait à la tentation du mal. Dans un tel contexte culturel et religieux, il n'est donc pas étonnant d'imaginer le Diable apparaître à tout moment dans nos propres légendes…

Le Diable et le clergé ne sont pas les seules sources où vont puiser nos conteurs pour façonner leurs légendes. Les exploits grandioses, tels que ceux d'hommes forts, consti-tuent des faits susceptibles de stimuler la création de récits extraordinaires. Dans *Jos Montferrand, Alexis le Trotteur* et *Le Géant Beaupré*, l'aspect surhumain de ces personnages prend des proportions démesurées ; leur force herculéenne et leurs capacités hors du commun tiennent du miracle, car il s'agit précisément de l'objet d'évocation dont la légende se nourrit ici, à savoir le miracle et le merveilleux, bref, tout phénomène impossible dans le monde des humains. La légende se cons-truit donc sur le socle de l'irrationnel *impossible* qui, le temps d'une histoire, devient possible.

En revanche, si des personnages extraordinaires peuplent les légendes du Québec, certaines histoires sont inventées de toutes pièces. Dans *La tour de Trafalgar*, la scène sordide, dans laquelle un jeune couple est victime d'un meurtre crapuleux, relève sans aucun doute de l'imagination débordante de Georges Boucher de Boucherville.

Quoi qu'il en soit, la légende demeure un lieu où le conteur possède toute la latitude voulue pour peindre une histoire avec les couleurs de son choix, pour ainsi lui donner le ton qu'il souhaite. Il a le loisir de mettre en scène les personnages de son choix. Le récit s'en trouve quelque peu déformé? Soit! Voilà justement en quoi consiste la légende: elle change de forme au fil du temps. *Rose Latulipe*, une histoire qui remonte au XVIIIe siècle, malgré qu'elle ait certainement conservé son essence propre depuis lors, provoque des réactions sans doute fort différentes en 2006.

À nos yeux, la légende constitue un récit qui prend racine au cœur d'une région donnée. Au demeurant, j'ai été surpris de constater à quel point chacune des grandes régions du Québec était portée, voire représentée, par une ou plusieurs légendes. Mais Alexis le Trotteur aurait-il pu devenir le grand coureur qu'il fut dans la région de Montréal? Probablement pas, car son rapport à l'espace aurait été certes fort différent dans un lieu saturé et dense comme Montréal.

D'autre part, l'essence d'une légende ne consiste-t-elle pas aussi à tricher un peu en s'appropriant certains faits ou certaines légendes appartenant à d'autres contrées? Par exemple, *Le Géant Beaupré* n'a jamais véritablement vécu au Québec, mis à part, bien sûr, que sa dépouille a longtemps séjourné à l'Université de Montréal. En revanche, ce personnage francophone a grandi à l'extérieur de la seule province de langue française au pays. De surcroît, il est mort au États-Unis où il a vécu durant quelques années. Mais peu importe, car l'histoire atypique et personnelle du Géant Beaupré est somme toute universelle, car nous savons tous apprécier un héros comme le Géant à qui il faut vouer respect et admiration, et dont nous devons prendre une leçon d'humanité. Le but premier d'une légende n'est-il pas de donner sens à l'aventure humaine ?

Ainsi, la légende constitue donc un mythe fondateur de notre humanité comme de notre culture. En ce sens, les légendes ont une fonction identitaire indéniable. D'où l'importance de les maintenir en vie en se les racontant, donc en veillant à les transmettre aux générations suivantes qui, à leur tour, les façonneront à nouveau, mais à leur propre image, ce qui perpétue le caractère vivant, actuel et universel de toute légende.

Ce recueil des légendes du Québec présente quinze textes qui font partie de la culture et du folklore québécois. Elles ont toutes un caractère unique malgré qu'elles aient toutes la même forme caractéristique de la légende. Je vous invite donc à en tirer toute l'inspiration qu'elles peuvent susciter en vous. Ces histoires nourriront votre imaginaire et, vous verrez, votre lecture sera féconde d'innombrables images plus révélatrices les unes que les autres et – qui sait ? – peut-être deviendrez-vous *conteur* vous-même de ces légendes, le temps d'une vie ou d'une simple soirée…

Alexis le Trotteur

Un simple d'esprit devenu pourtant légendaire. Alexis Lapointe, dit Alexis le Trotteur, marqua la mémoire populaire du Saguenay au début du siècle dernier. Le personnage naquit en 1860 et mourut en 1924, et depuis, il ne cesse d'alimenter la légende de l'homme qui courait plus vite que le vent, au pays où l'on pratiquait le rire pour conjurer le Diable et repousser tous les tourments.

Alexis le Trotteur était presque inhumain : il préférait la course à la simple marche, et il apprit même à courir avant d'apprendre à marcher, c'est tout dire. Il n'avait qu'un seul don, celui de courir vite et longtemps sans se fatiguer. Il était plus rapide qu'un cheval et même plus vite qu'un train, disait-on. D'ailleurs, en courant, il grimaçait comme un cheval et provoquait ainsi le grand rire général partout où il passait. Selon la rumeur, on le disait d'une intelligence inférieure à la moyenne, semble-t-il parce que sa pauvre mère, qui accoucha de quatorze enfants, l'avait mis au monde après seulement six mois de grossesse... Du moins, tous les médecins de l'époque crièrent au miracle ! N'en demeure pas moins que son faciès coupait littéralement l'appétit. Et que dire de son odeur ! Bref, nul ne recherchait la compagnie d'Alexis le Trotteur. Or il existe, même chez les sots, ce désir d'être reconnu sinon admiré d'autrui, peu importe la nature de la motivation. C'est précisément ce qu'Alexis le Trotteur voulut et réussit à sa manière, soit en devenant rien d'autre qu'une légende vivante. Non seulement aimait-il la course à pied, mais il était également un danseur hors de pair ; il adorait la gigue. Dans les soirées où il se rendait volontiers même s'il n'y était pas invité, Alexis agrémentait les veillées en jouant de la bombarde ou de l'harmonica avec une grande virtuosité.

On l'appelait le *trotteur* parce qu'il courait sans cesse, bien entendu, mais aussi parce qu'il se prenait vraiment pour un cheval, en plus de grimacer à la manière de ce dernier. Mais pour remonter le fil de la légende à sa source, on raconte qu'avant même qu'il ne commence à s'intéresser aux jeunes filles – en admettant que le sexe opposé voulut bien s'intéresser à lui –, Alexis collait aux semelles de ses aînés pour se faire accepter d'eux et partager leur compagnie. Mais, on s'en doute bien, les plus vieux se moquaient du pauvre jeune homme et le repoussaient volontiers. Mais, un jour, alors qu'il ruminait quelques pensées fantasques marquées essentiellement par l'envie d'être enfin admiré plutôt que rejeté, Alexis se fit à lui-même le pari d'être capable de se rendre à un endroit par ses propres moyens, sans autres outils de locomotion que sa propre carcasse munie de deux perches qu'il appelait ses jambes. Donc nul besoin, dorénavant, de monter en calèche pour être accompagné de qui que ce soit ; dorénavant et gros-Jean-comme-devant, il se fouetterait et partirait à vive allure tel un cheval vers n'importe où. Et pour y arriver, il ne lui suffirait que d'avoir des jambes et des poumons ultra puissants, s'était-il convaincu, tel un enfant qui rêve de princesses et de cerfs-volants. Ainsi, son premier exploit de « trotteur » eut lieu en plein hiver, un dimanche soir glacial. On avait alors organisé une soirée chez les Dubois. Barnabé et Rodrigue, deux bougres qui voulaient aller rejoindre leur douces moitiés, s'affairaient à monter l'attelage de leurs chevaux pour se rendre à temps à Saint-Urbain. Mais ce faisant, ces deux escogriffes insultaient et se moquaient de notre Alexis qui, d'un air piteux voire lamentable, les observait finir d'atteler leurs chevaux jusqu'au moment où il leur lança avec défiance : « Que vous m'emmeniez ou non avec vous dans votre calèche, messieurs, je m'en balance ! » Mais cette phrase inattendue d'Alexis, lancée telle un défi à relever, fit vite naître, chez lui, un éclair de génie : « Boisvert a un beau fouet, se dit-il. Quand il s'en sert, il va où il veut. Moi aussi, je peux aller où je veux. Ce soir, je serai la grosse Tare, l'étalon courageux. On verra bien qui arrivera chez Dubois en premier ! » Et après avoir ruminé ces quelques pensées, il prit le fouet de Boisvert de la main droite, s'en asséna plusieurs coups sur les jambes et dans le dos, leva la tête au ciel en *hennissant* de toutes ses forces, à un point tel que la buée sortait même de sa bouche, tel le feux d'un dragon. Alors, il embraya d'un coup sec, sautant par-dessus la clôture et coupant à travers les champs et la forêt. Gonflé à bloc, Alexis parcourait les sentiers battus en enjambant les congères comme si de rien n'était. Aussi rapide que le légendaire cheval de Chicoutimi, il parcourut la distance bien plus rapidement que la jument mouchetée des grands Barnabé et Rodrigue. Il arriva donc chez Dubois bien avant eux. Il franchit 40 kilomètres d'un seul trait, sans même montrer quelque signe de fatigue. Alors qu'il mettait le pied sur la terre du bonhomme Dubois, on l'aperçut, par la fenêtre, faire trois fois le tour de la cabane avant de s'arrêter et de cogner à la porte. On se demanda bien de quelle folie était atteint ce jeune « nigaud » qui avait bondi seul chez Dubois, sans prévenir qui que ce soit et dans la pleine noirceur d'une aussi rude soirée d'hiver. « Je joue un tour à Barnabé et à Rodrigue », s'empressa d'expliquer Alexis à ses hôtes, avec un fier sourire en coin. « Je vais me cacher en attendant qu'ils arrivent », ajouta-t-il avant d'expliquer que le destin avait voulu qu'il devienne la réincarnation de la grosse Tare. Déboussolé et résigné, Dubois haussa alors les épaules et ferma la porte. Et il s'écoula certainement une bonne demi-heure avant que nos deux grands moineaux de Barnabé et Rodrigue franchissent le bois et posent le pied sur la terre du bonhomme Dubois.

Lorsque Barnabé et Rodrigue foulèrent le seuil de la porte, Alexis bondit sur eux comme un lièvre pour leur signaler sa fière présence. Barnabé prit alors Alexis par le collet, qui n'était encore à cette époque qu'un adolescent prépubère, et le menaça de lui donner la raclée de sa vie s'il s'avisait d'oser de nouveau les défier de la sorte. Et d'un bon coup de pied dans l'arrière-train, Barnabé projeta notre Alexis hors de la cabane de Dubois!

Par temps clair, Alexis entreprit le voyage de retour, sans coup de fouet cette fois-ci, à travers la contrée, à vive allure, songeant au miracle qu'il avait fantasmé, souhaité puis maintenant provoqué et accompli. Gonflé ainsi de contentement, il n'en défia la neige et enjamba les coulées qu'avec plus d'habileté et d'ardeur, sauta clôtures et haies dans une pure allégresse qu'autrement la risée populaire lui avait jusqu'alors refusée. Oui, pour Alexis, il s'agissait bien d'un miracle, rien d'autre. Il avait réussi à devenir lui aussi l'Étalon légendaire du Saguenay. Désormais, la grosse Tare et lui ne faisaient qu'Un : il était ainsi devenu le premier Centaure du pays. Lorsque Barnabé et Rodrigue rentrèrent au bercail, soit aux petites heures du matin, notre Alexis, quant à lui, avait visité Morphée depuis un fort long moment déjà, rêvant à ses prouesses qu'il pourrait bientôt raconter à tout le voisinage de La Malbaie. Dès cet épisode magique et fondateur, il pouvait parcourir de grandes distances au pas de course, sans même se lasser. C'est ainsi que les gens de la place commencèrent à l'appeler *Alexis le Trotteur*.

C'est ainsi qu'Alexis commença à relever plusieurs autres défis. Il n'était pas rare qu'il osait défier des chevaux sur une courte distance, puisque son endurance n'avait d'égal que sa puissance de frappe. Le sprint ne lui faisait pas peur, oh non! Rares sont les pur-sang qui le devançaient à la ligne d'arrivée. D'ordinaire, les propriétaires de chevaux de course lui lançaient le défi d'eux-mêmes. Et Alexis ne refusait jamais une pareille offre, trop heureux et fier qu'il était

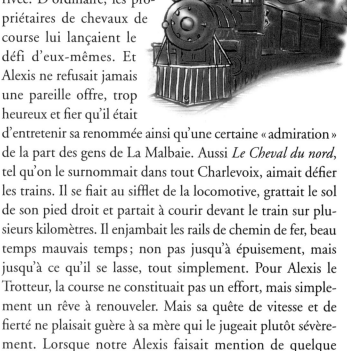

d'entretenir sa renommée ainsi qu'une certaine «admiration» de la part des gens de La Malbaie. Aussi *Le Cheval du nord*, tel qu'on le surnommait dans tout Charlevoix, aimait défier les trains. Il se fiait au sifflet de la locomotive, grattait le sol de son pied droit et partait à courir devant le train sur plusieurs kilomètres. Il enjambait les rails de chemin de fer, beau temps mauvais temps; non pas jusqu'à épuisement, mais jusqu'à ce qu'il se lasse, tout simplement. Pour Alexis le Trotteur, la course ne constituait pas un effort, mais simplement un rêve à renouveler. Mais sa quête de vitesse et de fierté ne plaisait guère à sa mère qui le jugeait plutôt sévèrement. Lorsque notre Alexis faisait mention de quelque exploit, elle ne manquait pas de le remettre à sa place. «Toi mon escogriffe, ne vas pas te vanter de ça! Quand on boit comme une éponge, qu'on sent le cheval, puis qu'on court en avant des trains, ce n'est pas bien intelligent, tout ça!» Même ses frères et sœurs se moquaient de lui en l'imitant se donner des coups de fouet sur les cuisses.

Avec le temps et la pratique, Alexis se développa un physique hors du commun. Dans le voisinage, on ne cessait de s'extasier de ses cuisses, de ses chevilles et de ses genoux protubérants. De fait, son ossature n'avait rien de celle de l'humain moyen. Alexis ne mesurait que cinq pieds et sept pouces, mais ses enjambées faisaient facilement deux fois sa hauteur. Le *Centaure*, comme on s'amusait à l'appeler, profitait de son appareil musculaire pour traverser des régions en courant, sans jamais montrer un seul signe de faiblesse ou de fatigue.

Par un beau matin du mois de juin, le père d'Alexis devait prendre le bateau du port de La Malbaie, en direction de Chicoutimi. Un voyage qui durait, à l'époque, plus de 12 heures. Or le bonhomme ne désirait pas que son fils l'accompagne ce jour-là. Tout de même, Alexis accompagna son père jusqu'au bateau. Juste avant de lui dire au revoir, le Trotteur fixa son « bonhomme de père » quelques instants, sourit et s'approcha de lui pour lui chuchoter : « Quand vous arriverez à Chicoutimi, le père, c'est moi qui prendrai les amarres du bateau. » Évidemment, ce dernier n'y accorda aucune attention. Le bateau quitta le port, Alexis lui tourna le dos, se fouetta l'abdomen et les cuisses, leva la tête au ciel en poussant des hennissements terribles et se il mit à courir à pleines enjambées. Il parcourut cent quarante-six kilomètres en traversant montagnes, forêts, rivières, plaines et obstacles multiples. Et peu avant minuit, notre Alexis le Trotteur attendait son père au quai, arborant son plus fier sourire et gonflé du plus grand contentement.

Alexis passa ainsi toute sa vie à accomplir de tels exploits. Mais il mangeait comme un goinfre et aimait particulièrement le pain, les gâteaux à la mélasse et les galettes de sarrasin. À un point tel qu'il eut cette autre idée de génie, soit de fabriquer des fours à pain et de se faire payer en gâteaux et en galettes… Ses fours à pain étaient les meilleurs de toute la région, et ils conservaient si bien la chaleur qu'il suffisait d'y mettre à brûler une simple écharde pour pouvoir cuire dix livres de pains et trois douzaines de galettes.

Mais un bon matin, le sort du Trotteur se décida. Ce jour-là, Alexis filait un mauvais coton. Depuis un certain temps déjà, sa condition physique ne lui permettait plus de renouveler ses exploits de *Centaure de La Malbaie*. Il ne coursait plus contre les chevaux et ne pouvait pas davantage défier les trains en courant devant eux. Si bien que c'est ce jour-là, précisément, qu'eut lieu la dernière course d'Alexis Lapointe. Se tenant aux abords des rails, Alexis effectua sa routine habituelle : coups de fouet, grattage de sol, hennissements, tout y était ! Tout sauf la force et l'ardeur d'antan. C'est ainsi qu'on vit la locomotive apparaître au sortir de la grande courbe et le Trotteur se mettre en marche, mais sans une goutte de sueur au front, cette fois… Alexis, comme à l'habitude, se mit à courir à l'intérieur des rails en avant du train… Ainsi, il courut et courut pendant des kilomètres devant le train en marche avant de perdre pied et de s'effondrer sur la voie ferrée. Le sifflet de la locomotive se fit entendre à cent lieues à la ronde. Le train l'écrasa de plein fouet, mais, hélas, il survécut quelques instants dans la souffrance la plus extrême, l'engin lui ayant coupé les deux jambes ainsi qu'un bras.

C'est ainsi qu'Alexis le Trotteur s'éteignit à l'âge de soixante-trois ans. Ayant vécu en véritable nomade depuis sa première jeunesse, il ne mourut pas dans sa contrée d'origine, mais peu importe, puisqu'il se trouvait à faire ce qu'il aimait le plus au monde.

Afin de vérifier si toutes les histoires qu'on racontait au sujet d'Alexis le Trotteur étaient fondées, des spécialistes de l'activité physique et d'autres scientifiques examinèrent le corps exhumé du légendaire trotteur. Ils conclurent que la structure osseuse témoignait d'un entraînement rigoureux qui dura toute une vie. Dès lors, qu'il était un athlète hors du commun ne relevait donc plus de la légende mais, dorénavant, de l'histoire…

Jos Montferrand

Cet homme faisait le bien. Oui, Jos Montferrand, Joseph Favre de son vrai nom, qui naquit à Montréal en 1802, n'aurait pas fait de mal à une mouche. En revanche, son physique imposant et sa force herculéenne lui ont servi plus d'une fois à « redresser les torts », comme on disait à l'époque. Fils d'un marchand de fourrure, ce colosse de six pieds et quatre pouces vouait un amour inconditionnel à sa mère et à la Sainte Vierge. On pouvait s'imaginer qu'il s'agissait d'un ivrogne avide de bagarres et d'insultes parce qu'il était fort comme Hercule, mais il n'en était rien. Sa sobriété et sa dévotion faisaient de lui un homme calme et pacifique. À cette époque, au temps où les Anglais avaient pris possession du pays, les Canadiens français encaissaient les insultes et le mépris des Anglais. Montferrand se dressa toute sa vie durant contre cette oppression constante. D'ailleurs, il rappelait souvent à son entourage ses mots d'ordre : « J'ai promis à ma mère et à la Sainte Vierge de sévir que si un des nôtres, un Canadien français, est la cible d'insultes virulentes ou hargneuses ou victime d'une quelconque oppression de la part des Anglais. » Mais à la moindre arrogance à son endroit ou à celui de ses compatriotes, il ne manqua pas, malgré ses grands principes de juste usage de la force, de sévir par la puissance de ses bras, la dureté de ses poings et la « légèreté » de sa botte…

Montferrand découvrit sa véritable force de frappe alors qu'il n'avait que seize ans. Déjà bien proportionné à cet âge, il possédait une musculature puissante, mais il démontrait également une grande rapidité et une agilité incomparable. Ces qualités provenaient du grand-père, un ancien escrimeur de renom. Le jeune Jos s'affairait, un bon matin, à creuser un trou non loin de sa demeure, rue des Allemands à Montréal. L'homme fort du coin, un dénommé Michel Duranleau, passa dans les environs avec deux de ses complices. Et croyez-moi, ces derniers n'étaient pas des enfants de *chœur*. Ces hommes inspiraient la déférence sinon la soumission de ceux qui osaient les défier ou les provoquer. Ainsi, malfaisant comme pas un, Duranleau, apercevant la tête de Montferrand qui dépassait du trou que ce dernier était en train de creuser, l'invectiva et lui assena un violent coup de pied au crâne. Secoué et enragé comme une bête par la violente agression qu'il venait de subir, le jeune Jos sortit du trou plus vite que son ombre et se fit justice en offrant à ses trois agresseurs la leçon de leur vie. Cette bagarre fit bien sûr plusieurs remous dans le quartier. Pourtant, selon sa mère, Jos n'avait rien d'un bagarreur et sa famille ne cherchait surtout pas la chicane, bien qu'on l'encourageât à pratiquer la boxe.

C'est alors que plusieurs défis attendaient notre Jos Montferrand qui devint un redoutable pugiliste. Lors d'un combat qui dura dix-sept rounds, il infligea un revers au grand champion boxeur de la marine britannique, à Québec, devant une foule considérable. Mais l'homme fort avait aussi des convictions et des allégeances politiques. Il paraît même que les Patriotes purent compter sur son aide pour résister aux assauts des Anglais. Mais il s'agit-là d'un exploit hors du commun et dont la véracité devrait être vérifiée. Du moins, il aurait participé à une bataille importante qui eut lieu au nord de Montréal, dans la région de Saint-Eustache. Réfugiés dans une église, les Patriotes résistaient tant bien que mal aux attaques répétées de l'armée anglaise qui menaçait de brûler littéralement l'édifice religieux. Ces courageux Patriotes combattants croyaient alors que leur dernière heure avait sonné. Mais, soudain, on entendit un vrombissement terrible et l'église se mit à trembler. On crut d'abord à un désastre naturel, mais il n'en était rien. Il s'agissait plutôt de Jos Montferrand qui avait, dit-on, déraciné un arbre à mains nues pour livrer combat aux Anglais. Ainsi «armé», il les défia de son tronc d'arbre. Les soldats anglais, incrédules et paniqués, tentèrent de le tuer avec des boulets de canon, mais l'homme fort les récupérait d'une seule main et les relançait aussitôt en leur direction. Avec un tel allié dans leurs rangs, les Patriotes avaient foi de livrer une sévère riposte aux ennemis des Canadiens français.

Quelques années plus tard, vers 1829, Jos Montferrand s'engagea à travailler pour la compagnie Bowman & Gilmore, dans les chantiers de la Lièvre, au nord de Buckingham et ailleurs au nord de la rivière des Outaouais. Vers l'âge de 25 ans, il devint contremaître de *rafting*. Là se préparait une des batailles les plus célèbres qu'il aura livrée non pas aux Anglais mais aux Irlandais, ceux qu'on appelait les *Shiners*, des durs à cuire qui travaillaient à la construction du Canal Rideau, à Ottawa. Les Shiners étaient de rudes et impitoyables bagarreurs. Leur ennemi juré? Nul autre que Jos Montferrand.

Un certain soir, l'homme fort s'apprêtait à rentrer chez lui en traversant le pont de la Chaudière, entre Hull et Bytown. Un contingent de cent cinquante Shiners l'attendait de l'autre côté de la structure, prêt à lui infliger une mémorable raclée. Les Irlandais avancèrent vers lui avec le feu dans les yeux, brandissant bâtons et poings serrés. Montferrand, voyant que la barrière se refermait derrière lui, décida d'avancer lui aussi. À toute vitesse, il récita un «Je Vous Salue Marie», fit son signe de croix et se précipita vers le premier qui osa l'affronter. Constatant la furieuse détermination du jeune Montferrand, les Shiners furent subjugués au point d'être paralysés par la peur. Et pour cause! Montferrand saisit le premier d'entre eux de ses longs bras *à déplacer les montagnes* et, tel un «frappeur» au baseball, il se servit du pauvre Shiner pour terrasser, balayer toute la première rangée de Shiners au grand complet. Plusieurs d'entre eux furent alors projetés de façon fulgurante dans les rapides, sous le pont. De ses coups de pied et de ses prompts et violents coups de poing, il fracassa de nombreuses mâchoires et de nombreuses jambes récalcitrantes, projeta ensuite plus d'un vers les cieux par sa fameuse «savate japonaise» et, pour clore cette imparable correction, en assomma d'autres par des coups de coude et des coups de genou. Sans compter que, comme sa savate, son *upper-cut* dévastateur décourageait et faisait fuir rapidement ceux qui osaient le défier. Devant cette scène d'une colère et d'une force inégalées, le reste du groupe de Shiners s'enfuit à pleines jambes du côté d'Aylmer.

La revanche irlandaise ne tarda pas à se manifester. En effet, un groupe de Shiners revint à la charge et l'aborda non loin de la rivière, alors qu'il se promenait sans histoire par un beau dimanche après-midi ensoleillé. Mais Montferrand avait plus d'un tour dans son sac. Nageur exceptionnel, il bondit dans les rapides avant de comprendre sur-le-champ qu'une autre bande de Shiners l'attendait de l'autre côté de la rive. C'est alors que Montferrand, rusé comme un renard, disparut sous l'eau pour ainsi les déjouer. Mais alors qu'on le croyait et déclarait noyé dans les rapides de la Gatineau, notre Montferrant se «séchait» à l'auberge de son ami, Agapit Lespérance. Il avait donc échappé à ceux qui le menaçaient constamment et qui s'en prenaient aux Canadiens français. Voilà une aventure qui caractérisait bien cet homme. En effet, non seulement jouissait-il d'une force herculéenne, mais sa détermination et sa ruse lui servaient plus souvent qu'autrement à déjouer l'outrecuidance de ses adversaires.

Et quels adversaires! De retour à Montréal pour festoyer avec ses amis du Faubourg Saint-Laurent, Montferrand avait prévu demeurer en ville quelque temps, c'est-à-dire le temps de fraterniser un peu avec ses proches. Un soir d'élection, on constatait un grabuge qui commençait à s'étendre à tout le centre-ville. Comme c'était la coutume à l'époque, les Anglais injuriaient les Canadiens français, les bagarres éclataient dans les rues et les bandes de voyous en profitaient pour semer la pagaille. Or son grand ami, Antoine Voyer, fut pris à son tour dans une embuscade. Une bande l'avait encerclé et sa vie était manifestement en danger. Le voisinage fut témoin de la scène et un bon samaritain alerta Montferrand avant que les choses ne dégénèrent davantage. L'homme fort accourut et s'interposa entre son ami et les Anglais qui voulaient le lyncher. Ces Anglais ne savaient sûrement pas à qui ils avaient affaire, car ils osèrent le défier! Tel qu'inscrit dans le ciel, le premier qui s'approcha de Montferrand reçut un coup de semelle sur un tibia qui cassa telle une branche. Puis, notre Jos Montferrand en saisit violemment un autre par la peau du cou, comme on le ferait délicatement avec un chaton, et le projeta d'une seule main et d'un seul élan de l'autre côté de la rue. Pourtant, le spectacle ne sembla pas freiner les ardeurs des Anglais qui, en quelque sorte, en demandèrent davantage… Ainsi, Montferrand s'occupa de trois d'entre eux par sa seule et unique savate à la mâchoire. Parce qu'il se déplaçait à la vitesse de l'éclair et qu'il sautait avec l'habileté d'un animal, il mit *k.-o.* ces trois pauvres bougres avec une facilité déconcertante. Le pauvre Voyer, quant à lui, assista impuissant à toute la scène. Le colosse poursuivit même ses hautes œuvres de bravoure en saisissant deux Anglais par les cheveux, qu'il prit de chaque côté de ses hanches et qu'il traîna sur quelques mètres pour finalement les projeter dans une charrue en bordure d'une maison. Et alors qu'il avait décimé la bande de voyous presque au complet, il voulut décourager le reste du groupe en leur faisant une démonstration de sa force prodigieuse. Montferrand souleva alors la charrue, avec les deux hommes subjugués à son bord, et ce, d'un seul bras! À la grande stupéfaction de ceux qui étaient toujours debout et à la stupeur de tout le quartier, Montferrand laissa alors tomber la charrue au sol. C'en fut alors assez pour ces quelques hommes qui s'enfuirent aussitôt. Voyer, qui n'en croyait pas ses yeux, rendit grâce à Dieu et à son ami et offrit à ce dernier un verre de gin afin qu'il pût se remettre de l'épreuve qu'il avait traversée haut la main, voire… haut les poings.

Pendant toutes ces années où il bossait pour la Bowman & Gilmore, Montferrand se dégourdissait à l'auberge de l'Abord-à-Plouffe. C'était bien celle de son ami Agapit. Il aimait y passer ses soirées à fraterniser avec la compagnie. Mais le colosse n'abusait jamais de l'eau-de-vie, une substance dont il se méfiait comme du Diable. Il prenait quelques breuvages à l'occasion, mais toujours avec modération. En fait, il était un sacré bon diable! Ses copains l'adoraient. Pour lui faire une bonne blague, un beau soir, on fit semblant de ne pas le reconnaître quand il se présenta sous le seuil de la porte d'entrée. « Montrez-moi votre carte », lui demanda le portier. Mais il en fallait bien davantage pour impressionner l'homme fort. Il esquissa un sourire du coin de la bouche, lâcha quelques vents, recula de trois pas et sauta dans les airs comme un chevreuil! De sa grande portée, il perça un trou dans la poutre au plafond avec le clou de sa botte. Aussitôt, ses copains se figèrent eux aussi d'un coup sec, toujours admiratifs et pantois devant la puissance de leur ami Montferrand. Mais ce dernier rassura vite le portier en lui offrant l'accolade, avant d'aller ensuite rejoindre ses copains qui se félicitaient de cet autre éclatant exploit de leur héros. Dès lors, le héros adulé de tout le Canada français avait créé son effigie symbolique qu'on retrouva longtemps dans toutes les tavernes et les auberges que Montferrand visita au cours de sa vie.

Ayant acquis une certaine fortune au fil des années, Montferrand se retira du monde du travail en 1856. Alors veuf de Marie-Anne Trépanier, il épousa Esther Bertrand qui lui donna un fils posthume. Joseph Favre eut une nombreuse progéniture, dont l'aîné, Joseph, connut ses heures de gloire à la boxe, au début du xxe siècle. Ainsi, Jos Montferrand légua une descendance de forte stature…

Bon voisin, Jos Montferrand coula des jours paisibles, regrettant d'avoir vécu à une époque si troublée et d'avoir acquis une réputation par la violence de la force brutale, si juste et simplement défensive fut-elle. Il mourut à Montréal en 1864. Ce colosse côtoyait le mal mais faisait le bien…

L'auto-stoppeuse

L'origine de cette légende demeure un mystère à ce jour. Il semble qu'elle provienne du Vermont, aux États-Unis, mais on en retrouve des traces un peu partout dans le monde, par exemple en France et en Italie. Elle est également une légende bien de chez nous, du Québec. Plusieurs organismes qui s'intéressent aux phénomènes surnaturels ou paranormaux se sont emparés de cette histoire. Du moins, de jeunes gens auraient fréquenté cette Dame Blanche que l'on surnomme *l'auto-stoppeuse*. En fait, ils l'auraient bel et bien vue, lui auraient vraiment parlé et l'auraient même touchée. Il s'agit d'une expérience singulière qu'ils nous ont bien sûr partagée, et c'est pourquoi nous la racontons encore aujourd'hui. Déjà, je peux vous mettre en garde : si vous arrêtez au bord de la route pour faire monter une auto-stoppeuse, ayez l'œil !

Vers une heure du matin, par une froide nuit du mois d'octobre, Gilles Bastien revenait à son domicile de Rivardville, dans le comté de Bristol. Après avoir assisté à un spectacle, il revenait en voiture en compagnie de sa copine, Lise Beaudoin, ainsi que d'un couple d'amis. Les petites routes sinueuses s'éternisaient à cette heure alors qu'ils roulaient depuis déjà une bonne heure. Gilles avait refusé de prendre de l'alcool ce soir-là, sachant qu'il prendrait le volant pour rentrer chez lui. Mais, en conduisant, la fatigue le gagnait malgré sa sobriété. Ses paupières devenaient lourdes et il avait du mal à garder les yeux bien ouverts. Dans pareilles circonstances, notre conscience nous dicte de lutter de toutes nos forces pour rester éveillé et Gilles connaissait fort bien le risque, dans pareille situation, de sombrer dans un sommeil léger ou une « veille » légèrement endormie, voire le risque de devenir un dormeur éveillé sinon un somnambule au volant… Mais rien n'y fit et l'épuisement le rattrapa sournoisement, le temps d'une fraction de seconde d'inattention. Gilles en eut bien vite conscience, et déjà il effectuait quelques zigzags les conduisant, sa copine, ses amis et lui, tout droit dans le fossé, du côté droit de la route. Réveillé aussitôt en état de panique, le cœur battant la chamade, il n'eut pas le choix de retrouver rapidement ses esprits et de reprendre le contrôle de son véhicule.

En route de nouveau, la peur à peine estompée, car il avait une peur bleue de s'endormir de nouveau, Gilles luttait encore et encore pour garder toute sa concentration sur la route. Or c'est lorsque nous nous trouvons dans cet état spécifique auquel Gilles était confronté que surviennent, parfois, de très légères et rapides hallucinations, par exemple des objets, des lueurs soudaines et évanescentes, ou même des personnages… Toutefois, ce que Gilles aperçut cette nuit-là, au bord de la petite route de campagne, était pourtant bien réel. Il vit apparaître, à travers les bancs de brouillard, une silhouette de jeune femme vêtue de blanc. Une auto-stoppeuse, lui semblait-il. Que pouvait-elle bien faire sur ce chemin à pareille heure ? La question l'effleura, et tandis que tout le monde s'était assoupi à bord, il se demanda pendant une fraction de seconde s'il ne devait pas la faire monter dans sa voiture. Mais il se dit aussitôt qu'il valait mieux ne pas prendre cette auto-stoppeuse, d'autant qu'il avait vraiment hâte d'arriver à destination et qu'il se disait également que la prudence était plutôt de mise à cette heure tardive et fort brumeuse. Il passa donc devant la jeune femme sans s'arrêter, jusqu'à ce qu'il applique brusquement les freins quelque cent mètres plus loin. Le geste, bien sûr, tira brusquement les passagers de leur sommeil.

— Qu'est-ce qui se passe ? s'écria Lise.

— Il y a une femme sur le bord de la route, répondit Gilles. Elle a besoin qu'on s'arrête. Je vais l'embarquer.

La voiture recula doucement. Lise abaissa la vitre du côté passager. L'auto-stoppeuse, trop légèrement vêtue pour le froid qui régnait à ce temps-ci de l'année, montrait timidement ses traits tirés et son visage pâle. « Vous voulez monter ? » lui demanda Gilles. Et sans dire un mot, elle ouvrit la porte arrière et monta à bord du véhicule, poussant l'un contre l'autre les passagers encore somnolents. La voiture reprit la route aussitôt.

Dans l'auto, un étrange sentiment envahit les passagers. Une sorte de pression les accablait, comme si l'air respirable avait subitement disparu. Puis une forte odeur d'urine se répandait graduellement dans la voiture. Alors que régnait un silence embarrassant, la jeune femme marmonna, d'une voix éteinte, quelques mots que personne ne comprit. Histoire de camoufler un peu le malaise ainsi répandu, Gilles alluma la radio, choisit une station diffusant de la musique rock et, pour s'enquérir de sa destination, demanda à l'auto-stoppeuse où elle habitait. À cet instant, la radio se mit à émettre des sons bizarres et un crissement se fit entendre à très haut volume, comme si la radio avait cessé de recevoir les signaux de la station de radio. L'auto-stoppeuse serra alors la cuisse de l'une des passagères de la banquette arrière et les deux femmes poussèrent des cris abominables. Dans un élan de détresse, le premier réflexe de Gilles fut d'appliquer les freins sur-le-champ. Le freinage fut si violent que tout le monde se renversa vers l'avant, la tête entre les deux jambes. Le sang glacé, Gilles se retourna pour voir ce qui s'était passé derrière. Les deux passagères se regardaient, transies de peur, les yeux hagards : la jeune auto-stoppeuse n'était plus à bord de la voiture… Ils reprirent leurs esprits tant bien que mal en se demandant tous s'ils n'avaient pas tous rêvé. Mais où était passée l'auto-stoppeuse?

Dans une noirceur totale, les phares de la voiture éclairaient à peine les arbres sur le côté droit de la route. Même si Gilles regardait dans tous les sens, on n'y voyait rien du tout. Un climat de terreur rôdait tout autour d'eux, mais il prit néanmoins courage et sortit de l'auto. Il marcha lentement en direction des arbres sur lesquels les phares pointaient. De toute évidence, la jeune femme n'y était pas. Elle avait subitement disparu. «Reviens à la voiture!» lui cria Lise, complètement effrayée.

Les quatre jeunes gens reprirent la route sans retrouver la trace de l'auto-stoppeuse. Ils ne dormirent pas beaucoup cette nuit-là. L'envie de parler les tenaillait plus que tout. Dès lors, cette aventure alimenta de nombreuses discussions, suppositions, conjectures, mais personne ne parvint à expliquer le dénouement de l'histoire qu'ils venaient de vivre. D'autre part, les rumeurs allaient bon train dans la région, et si une seule personne avait été témoin d'un tel événement, l'hypothèse d'un canular bien monté aurait certainement été retenue. Or les quatre passagers ont bien vu la jeune femme, et une des deux femmes a même senti la main de cette auto-stoppeuse autour de sa cuisse. Ainsi, chaque fois que Gilles reprenait la route dans la région de Rivardville, le terrible souvenir de cette nuit énigmatique refaisait surface, à la

manière d'une réminiscence onirique. Mais le temps passa et on cessa d'entendre parler de l'auto-stoppeuse.

Depuis cette aventure, au moins une année s'était écoulée. En effet, le mois d'octobre était déjà bien entamé. Le calme régnait comme d'habitude dans le comté de Bristol. Il arrivait parfois que des motocyclistes un peu téméraires s'aventurèrent sur le tracé accidenté de la région, mais, chose certaine, ce jour-là, les conditions ne laissaient présager rien de bon. Une pluie glaciale arrosait la région et un infatigable vent du nord finissait d'abattre sa froideur sur tout le paysage. Le soir venu, un simple lainage ne suffisait plus pour se garder au chaud.

Louis Levasseur revenait du travail après une journée éprouvante. Il devait bien être 20h30 lorsqu'il avait enfourché sa moto. La noirceur couvrait le comté depuis déjà un bon moment. S'il avait su qu'autant de travail l'attendait ce jour-là et qu'il dut rentrer si tard, il aurait sans doute préféré la voiture. Mais il était trop tard; il fallait rentrer malgré ce grand air du nord qui glaçait le sang. Espérant parcourir le chemin du retour le plus rapidement possible, il opta pour un raccourci qui traversait la vallée. Mais avec cette pluie et, une fois de plus, un léger brouillard qui envahissait de plus en plus la route, la prudence était de mise. On ne pouvait abuser de l'accélérateur dans pareilles circonstances. En route depuis une bonne quinzaine de minutes, Louis s'engagea alors sur la dernière portion de la route qui allait le mener à l'entrée du village. En sortant de la grande courbe, le phare de sa moto-cyclette éclaira brillamment la silhouette d'une femme vêtue d'une robe blanche. Pieds nus sur le pavé glacé, elle se tenait au bord de la route sans bouger, le regard troublé. Sa robe et ses cheveux étaient complètement trempés. En l'apercevant, Louis ralentit aussitôt sa course et s'arrêta devant elle. « Monte, je vais te ramener chez toi », lui dit-il. La jeune femme acquiesça d'un signe de tête sans dire un mot. Elle prit le casque et enfourcha la moto derrière Louis qui se retourna rapidement pour la regarder une seconde. À ce moment même, la température devait bien friser le point de congélation. Il prit donc l'initiative de lui tendre son blouson de cuir et l'aida à l'enfiler. D'une voix lointaine provenant du fond de son casque, la jeune femme donna les indications au conducteur pour rentrer chez elle. Le moteur vrombit et la moto s'engagea de nouveau sur la route.

Connaissant la destination de la stoppeuse, Louis mena celle-ci à destination en moins de cinq minutes. C'était une maison de campagne érigée dans une petite clairière, au bout d'un chemin qui s'enfonçait dans la forêt. Aussitôt que la moto de Louis s'immobilisa, la jeune femme descendit et, sans même prononcer un mot, prit ses jambes à son cou en direction de la maison dont on pouvait apercevoir une lueur par l'une de ses fenêtres. En regardant cette femme s'enfuir au pas de course, il se dit que, de toute façon, il pourrait bien revenir chercher son manteau et son casque une autre fois. Il se mit soudainement à grelotter sous la pluie et reprit aussitôt le chemin du retour à la maison.

Dès le lendemain matin, l'idée d'aller récupérer ses affaires l'obsédait. Pas tant pour le fait de retrouver ses objets, mais plutôt pour celui de revoir cette jeune femme mystérieuse, qu'il avait trouvée si légèrement vêtue sur le bord de la route. Néanmoins, Louis reprit le chemin du boulot, mais en voiture cette fois.

À la fin de la journée, après son travail, Louis alla cogner à la porte de la maison de la jeune auto-stoppeuse. Une femme d'âge mûr, en chemise de nuit, ouvrit et demanda, soucieuse, de quoi il s'agissait. Louis se présenta maladroitement, raconta confusément ce qui était survenu la veille et finit par émettre le souhait de pouvoir récupérer son blouson et son casque. Sur ce, la femme éclata en sanglots : « Mais c'est impossible !, monsieur !, cria-t-elle, complètement hystérique. Notre fille est morte depuis deux ans ! Ne voyez-vous pas que je suis bouleversée ? »

Voyant sa femme se mettre dans un tel état, son mari se pointa brusquement devant Louis. « Que voulez-vous, monsieur ?, lui demanda l'homme. Fichez-nous donc la paix ! Vous ne voyez pas qu'elle est triste ? »

À ces paroles, Louis fut abasourdi. Il ne savait que répondre, mais tenta tout de même d'expliquer qu'il avait bel et bien ramené une jeune femme chez eux la veille et qu'elle avait omis de lui remettre son blouson ainsi que son casque. L'homme se mit alors en colère et ordonna à Louis de quitter les lieux. « Je vous dis qu'elle est morte, monsieur ! lui cria l'homme d'un ton désespéré. Ce que vous racontez n'a aucun sens. Je vous demande de partir sur-le-champ ! » L'homme ferma brusquement la porte. Cette scène laissa Louis dans un état d'esprit peu commun. Il ne savait comment réagir, ni quoi penser. Il n'y avait visiblement rien à retirer et à comprendre de ces gens. Ainsi, après quelques secondes de réflexion, il rebroussa chemin en direction de sa voiture. Au même moment, la porte de la maison grinça et s'entrouvrit. L'homme sortit et interpella Louis. Il l'informa du nom de leur fille et de l'endroit où l'on pouvait trouver sa pierre tombale. « Si vous n'êtes pas convaincu, allez le constater par vous-même ! » lui lança l'homme comme un dernier adieu.

Il n'en fallait pas plus pour piquer la curiosité de Louis. Il ne perdit pas une seconde, démarra la voiture et prit le chemin du cimetière. Ce qui l'attendait, ce jour-là, allait le marquer à vie. Il trouva l'endroit précis que l'homme lui avait indiqué. Le blouson de cuir et le casque gisaient sur la pierre tombale de la jeune femme décédée deux ans plus tôt. Gravé dans le roc, on pouvait lire l'épitaphe suivant : «Afin que vif et mort ton corps ne soit que rose».

La chasse-galerie

Cet hiver-là fut d'un froid sibérien dans toute la contrée. À tel point qu'à peine rendus au mois d'octobre, les canards se prenaient déjà les pattes dans la glace du fleuve gelé. Aux environs des Fêtes, la neige atteignait déjà le toit des cabanes. Le rhum coulait à flots au chantier, car on avait terminé les préparatifs pour la journée de réjouissance qui se pointait. Je dus prendre au moins une bonne quinzaine de gorgées avant de commencer à me sentir engourdi. Ma pauvre petite tête se mit à tourner dans tous les sens, je vous l'assure. Vers les huit heures du soir, je m'étendis sur mon lit, histoire de « dégriser » un peu. Mais je me fis prendre à mon jeu en sombrant dans un sommeil quasi comateux. Alors que je dormais depuis un moment, jonglant avec rêves et tourments, je me sentis vivement secoué par les épaules, au point où je retombai soudainement dans le monde des humains : « Réveille-toi, Jos ! Les gars nous ont laissés seuls dans la cabane. Ils sont partis au chantier voisin prendre un p'tit coup. Moi, je veux aller voir ma blonde à Pointe-du-lac. Tu viens avec moi ? » me lança Joseph Durand, un de mes fiers camarades bûcherons.

— Es-tu tombé sur la tête ? Pointe-du-lac, c'est à l'autre bout du monde. Ça nous prendrait des semaines pour nous rendre et l'hiver serait alors terminé, que j'ai alors répondu à Durand, encore tout confus de sommeil.

— Mais non ! Qu'est-ce que tu racontes ? On n'y va pas à pied, voyons donc ! On part en canot dans les airs, au-dessus des lacs et des forets. Écoute-moi bien, mon Cyprien, il nous manque une personne pour faire le voyage en canot, dans les airs. Viens-tu avec nous ? On part ce soir.

On passe la nuit à la Pointe et on revient demain matin, me répond Durand, paré contre toute résistance de ma part.

Moi, Cyprien Dumouchel, je n'aurais jamais cru qu'on me proposerait un jour de faire un pacte avec le Diable! Courir les bois contre vents et…cieux étoilés pour simplement aller cueillir un petit baiser de sa blonde, ça me semblait bien exagéré. Mais j'avoue que le temps devenait un peu long dans le camp de bûcherons en plein temps des Fêtes. Et puis l'idée d'aller reluquer les jeunes filles en fleurs me plaisait assez.

Ainsi, je consentis à courir la *chasse-galerie* avec mes amis. Aussitôt hors de la cabane, le froid mordant me paralysa le visage. On entendait le crissement de la neige bien sèche répondre à nos pas, les miens encore un peu endormis. Ce soir-là, la Lune nous éclairait de sa lueur bienveillante grâce à laquelle on pouvait apercevoir les arbres à grande distance. On avait bien marché une bonne quinzaine de minutes avant d'atteindre le grand canot d'écorce, avec six hommes à son bord qui nous attendaient. Durand me prit pas le bras vigoureusement pour me faire monter. Ma place était à l'avant. Tout cela se déroula si vite que je n'eus même pas le temps de réfléchir à la galère dans laquelle je venais de m'embarquer! Puis, le pacte se fit brusquement entendre:

Satan, roi des enfers, nous te promettons de te livrer nos âmes, si d'ici à six heures nous prononçons le nom de ton maître et du nôtre, le bon Dieu, et si nous touchons une croix dans le voyage. À cette condition tu nous transporteras à travers les airs, au lieu où nous voulons aller et tu nous ramèneras de même au chantier!

Acabri! Acabras! Acabram!
Fais-nous voyager par-dessus les montagnes!

Je me pinçai quelques fois pour m'assurer qu'il ne s'agissait pas d'un rêve. Notre *canot de l'enfer* s'éleva dans les airs comme par enchantement et nous partîmes vers l'est en scrutant les cieux. En route vers Pointe-du-lac, on apercevait la forêt comme une véritable pelouse de sapins, tellement qu'on eût dit pouvoir s'y poser tout en douceur comme sur un duvet. On filait à vive allure, parcourant les airs le long de la Gatineau. C'était féerique : la rivière gelée sous nos yeux, réfléchissant la luminosité complice de la Lune. Pas si haut que ça dans le ciel, on pouvait distinguer les cabanes dans les villages et les clochers de leur église, de même que les petits chemins qui serpentaient tout au long du parcours. Joseph veillait à ce qu'on suive le bon chemin, histoire de ne pas s'égarer et se retrouver en Abitibi ! À l'horizon, nous vîmes un grand lac s'avancer, tout aussi brillant dans la glacée. Nos barbes et nos moustaches figeaient dans le frimas. En véritables *diablotins* que nous étions devenus, Joseph proposa de chanter une chanson de *joyeux lurons* à s'esquinter le gosier. Le canot pris une tangente descendante vers les rues de Montréal encore pleines de vie à cette heure de la nuit. La lumière de la grande ville éblouissait nos regards et nous chantâmes tous en chœur ce refrain :

Mon père n'avait fille que moi
Canot d'écorce qui va voler
Et dessus la mer il m'envoie
Canot d'écorce qui vole, qui vole
Canot d'écorce qui va voler !

Les gens de la ville nous apercevant n'osaient certainement pas y croire. Non mais quelle affaire ! Ça prenait bien un pacte avec le Diable en personne pour qu'un tel équipage

s'envole de la sorte. À
peine quelques minutes
après avoir passé les
mille et une lumières de
Montréal, nous arrivâmes
à la Pointe, aussi vite que
l'éclair. Et c'est là, à l'approche de notre ultime
destination, que Durand

reprit la parole : « Tenez-vous ben le derrière dans le canot.
Nous allons atterrir dans moins d'une. On approche de la
crique aux Guévremont. Quand nous serons enfin immo-
biles, nous descendrons tranquillement au village à pied. »

Ce ne fut pas long. Le canot se posa sans heurts sur une
bonne épaisseur de neige, mais nous ressentîmes tout de
même un bon choc au derrière. Qu'importe, les amis ! Nous
étions arrivés sans blessures. Le plus dur, le plus dérangeant
à vrai dire, mes amis, c'était de se rendre au bas de la cabane
avec de la neige jusqu'au bedon.

Enfin arrivés chez le père Greluche, nous entendions, à
travers les murs, la musique des rigodons et les fêteux danser
et festoyer. Mais avant d'entrer dans la cabane et de sur-
prendre tout le monde, Joseph Durand savait bien quel grand
risque nous courrions et nous prodigua alors ses consignes :
« Camarades, attention ! Pas un mot sur la *chasse-galerie* et
pas question de passer la nuit à fricoter. Compris ? Les coudes
doivent rester sur la table, vous m'entendez ? Pis quand je
vous ferai signe de la tête, il sera temps de repartir pour le
chantier. »

Le père Greluche ne se fit pas trop attendre lorsqu'il
entendit cogner à la porte. Quelle surprise eut-il : les huit
que nous étions, sur le parvis, les cheveux et la barbe pleins

de frimas. «Que faites-vous là sapristi! s'écria le père Greluche. Vous n'êtes pas au chantier parbleu?» Mais Joseph, sans trop s'attarder, répondit promptement: «Laissez-nous donc nous "dégrayer", son Père. On veut bien se la couler douce nous aussi.» Ah, mes amis! Quel bonheur ce fut de retrouver ma belle Alice parmi les convives. Cela valait bien notre petite aventure d'endiablés. Nous dansions comme des «diables» durant des heures entières. J'apercevais du coin de l'œil les camarades qui s'envoyaient du p'tit blanc par la tête. On s'amusait comme des larrons en foire, mais le temps filait. Quand la pendule se remit à l'heure en sonnant le quatre, il fallait penser sérieusement à quitter notre cabane d'accueil. C'est donc dans le plus grand secret, la plus grande discrétion que nous quittâmes la maison du père Greluche. Bien entendu, je quittai ma belle Alice le cœur gros, la larme à l'œil pour dire la vérité. Je l'avoue, je suis un romantique, un grand sensible de nature. Mais quoi qu'il en soit, il fallait décoller. Le temps pressait…

Un à un, nous sortîmes sans attirer aucun regard ni soupçon. Et il fallait se taper aussi la grosse neige épaisse pour regagner notre canot. Aux petites heures du matin, avec quelques lampées dans le nez, je vous jure qu'on souhaite être ailleurs. Dans la grande noirceur du littoral de la Pointe, la nuit s'achevait doucement, mais le Soleil était loin de se lever, mais enfin! Le canot se pointa le nez vers l'horizon à reconquérir. Je pris donc ma place à bord en redoutant un peu le chemin du retour. Et nous criâmes alors la formule magique tous en chœur:

Ainsi est née la légende de la chasse-galerie, en chœur:

Acabri! Acabras! Acabram!
Fais-nous voyager par-dessus les montagnes!

En deux temps trois mouvements, notre « canot spatial » reprit le chemin des airs à vive allure. Notre ami Joseph avait beaucoup de mal à maîtriser l'engin et il mit malencontreusement le cap vers le nord. « Longe le fleuve, Joseph, mon escogriffe, s'écria un des camarades ! Tu vas nous faire planter dans la Haute-Mauricie malotrus de baptême ! » Heureusement pour nous tous, le canot bifurqua quelque peu vers l'ouest, au-dessus du grand lac. Notre capitaine se mit souvent en colère contre tous les saints, en lançant blasphèmes et jurons à qui voulait bien les entendre. Et comme si ce n'était pas assez, il s'endormait à la barre, le pauvre, laissant alors notre vaisseau d'écorce à la dérive. Ti-zoune Jodoin le réveilla alors à coups de claques derrière la noix. Ce ne fut pas un voyage de tout repos, mes amis, croyez-moi ! Une fois passé Montréal, on aperçut enfin la Gatineau émerger par ses reflets argentés. Mais là, les choses commencèrent à se gâter. Au fur et à mesure que l'équipage avançait en direction du chantier, Joseph avait de plus en plus de mal à contrôler la gouverne. Soudain, mon cœur se mit à dégringoler comme un rêveur glissant sur une drave. Le canot se mit à descendre brusquement en chute libre. L'équipage au grand complet se mit alors à hurler de peur pendant que les branches des arbres que nous rasions nous raflaient les oreilles et le visage. À force de tomber aussi vite, l'écrasement devenait inévitable. Le dernier souvenir qui me revient de cette descente aux enfers est celui de mon Joseph qui gueulait comme un perdu et qui injuriait le Diable : « Ô toi Satan ! Laisse-nous en paix ! Retourne donc en Enfer et laisse nos âmes tranquilles de tes misères ! »

La chute libre me fit perdre connaissance tandis que le vaisseau s'écrasa violemment au sol, dans l'âtre d'une petite clairière. Cette nuit-là, chers amis, le Diable avait décidé de nous épargner, je vous le jure. Nous étions tous sains et saufs, comme par miracle. Quelle idée absurde que de vendre son âme à Satan pour aller passer une veillée en compagnie de la gente féminine! Tout de même, il faut croire que nous les avons bien rachetées, nos âmes, et à grand prix...

Il faisait froid dans la maison, et dans mon lit, bien au chaud sous mes couvertures, je retrouvai peu à peu mes esprits. Il était onze heures du matin, le Soleil éclairait toute la chambre en entier d'un beau rayon. Je me réveillai seul au matin du jour de l'An. Les camarades avaient déserté la cabane depuis un bon moment déjà. Mais entre vous et moi, cher lecteur, chère lectrice, il n'en tient qu'à vous de décider s'il s'agissait d'un rêve ou d'une aventure réelle. Quoi qu'il en soit, sachez être attentif aux canots d'écorce dans le ciel étoilé. Qui sait?, peut-être ce canot descendra jusqu'à vous pour vous prendre et vous emmener jusqu'aux confins de vos rêves et désirs les plus chers? Mais serez-vous, vous aussi, gracié par le Diable? Du moins, une chose est sûre: vous voyagerez par-dessus les montagnes de l'impossible...

La complainte
de Cadieux

Parmi les coureurs des bois, il n'y en avait point de plus braves que Cadieux. C'était un guide habile qui pouvait conduire un peuple nomade en évitant tous les dangers qui le guettaient. Et dieu sait qu'il y en avait, des dangers! Expert en maniement d'armes, athlète de l'aviron, il connaissait tous les recoins des rivières et des forêts de l'Outaouais. En ces temps-là, il y a environ deux cents ans, les Français et les Algonquins étaient en guerre contre les Iroquois. Nous devrions plutôt dire les *Iroquoiens*, puisque les peuples sédentaires, tels que les Hurons ou les Mohawks, faisaient partie de cette grande famille d'agriculteurs belliqueux. Chez eux, la guerre était endémique.

Mais Cadieux connaissait bien ces sauvages. Il savait comment leur mener la vie dure et s'en sauver lorsque nécessaire. C'est que les Iroquois cherchaient le trouble : la moindre rencontre servait de prétexte pour déclencher une guerre. Un jour, le grand coureur des bois menait sa troupe au bord de la rivière, portant alors canots et vivres à travers les rochers. Un des nomades coureurs des bois, envoyé en éclaireur, crut entendre un cri strident. En effet, il s'agissait bien d'une petite troupe d'Iroquois qui s'apprêtait à mettre son canot à l'eau. Aussitôt, la bande de Cadieux les dispersa en faisant retentir un coup de fusil dans les airs. Mais on se doutait bien qu'ils ne seraient pas seuls longtemps et que du renfort arriverait bientôt, et qu'il fallait donc se préparer au combat. De fait, à peine quelques secondes plus tard, une autre bande d'Iroquois sortit des bois et fonçait droit sur nos voyageurs qui brandirent alors les armes en guise de réaction… Plusieurs sauvages furent tués dans l'embuscade. Puis un autre groupe fit son apparition plus loin, puis un autre, et un autre, et ainsi de suite. Restait une seule solution à Cadieux : s'enfuir avec ses hommes par la rivière, avec toute l'habileté, l'expérience et le courage qu'on lui connaît. Poursuivis par les Iroquois sur la rivière, Cadieux et ses aventuriers filaient à vive allure, fendant les eaux. Les coureurs des bois connaissaient si bien le cours d'eau qu'ils voguaient à travers les passes les plus difficiles où les sauvages ne pouvaient les suivre.

Arrivés au chenal des Sept-Chutes, nos nomades coureurs des bois se dirigèrent vers l'île du Grand-Calumet pour faire le portage et quitter enfin les eaux. La fuite avait été éprouvante et Cadieux se méfiait encore ; il examinait les moindres bruissements de feuille sur la terre ferme. Mais il n'y avait pas de fumée et pas de bruit autre que celui du vent, et pas même de traces de *sauvages Iroquois*, comme on les appelait. Il s'agissait d'une île inhabitée, une sorte de havre de paix où les voyageurs pouvaient profiter d'un moment de quiétude pour se reposer l'âme, mais surtout les bras. Au moment où le chef posa pied sur l'île, des dizaines d'Iroquois surgirent soudainement hors des bois en poussant des cris horribles, hachette à la main et prêts à scalper le premier venu. Nos aventuriers étaient terrifiés et regardaient dans tous les sens pour trouver une issue. Sans même prendre le temps de réfléchir, Cadieux ordonna à ses hommes de rembarquer dans les canots et d'affronter les eaux tumultueuses et mortelles des Sept-Chutes. Complètement atterrés et effrayés par le nombre incalculable de *sauvages* qui sortaient des bois, les hommes de Cadieux, en répondant à l'ordre de leur chef, préféraient, en quelque sorte, mourir dignement au terme d'une lutte contre des eaux réputées mortelles plutôt que de périr aux mains de ceux qui leur apparaissaient être ni plus ni moins des barbares.

Ainsi, ils s'engagèrent dans les rapides à l'endroit même où le courant était le plus fort. Ils comptaient désespérément sur Cadieux pour échapper à une mort certaine, voire programmée ; ce même Cadieux les avait sauvés par sa ruse et son extrême agilité quelques heures auparavant. Tout à coup, quelques-uns d'entre eux levèrent les yeux vers la *pince du batteur*. Leur cœur fit quelques bonds de travers : Cadieux n'était plus là… Leur sauveur était resté sur l'île à la merci des Iroquois. Les braves hommes se mirent à prier, suppliant le Christ de les délivrer du mal et de leur laisser la vie sauve. Soudain, une femme vêtue de blanc apparut sur la pince, à l'endroit même où Cadieux dirigeait l'embarcation à peine quelques secondes auparavant. Le canot se dirigeait lentement dans l'abîme, mais la femme le guida et le fit bondir par-dessus la chute, comme si l'équipage s'était transformée en *chasse-galerie* le temps d'éviter le danger qui guettait ses membres. Alors, les aventuriers cessèrent tous de naviguer et poursuivirent leur fervente prière. Plus du tout certains d'exister en ce bas monde, ils revinrent à eux quand leur canot se mit à tanguer sérieusement et ils reprirent les avirons en rendant grâce à Dieu.

Du bout de l'île, les sauvages, stupéfaits, avaient observé la scène. Alors qu'un d'entre eux se préparait à lever le toupet de Cadieux, le chef cria dans sa propre langue : « Arrêtez, arrêtez ! La femme blanche nous portera malheur. Nous ne tuerons plus aucun voyageur. C'est le grand esprit qui nous l'ordonne. »

À ces mots, les Iroquois rebroussèrent chemin au pas de course et quittèrent définitivement la région. Ainsi, Cadieux se retrouva seul, debout dans l'herbe, regardant fuir ses ennemis ravisseurs au travers la forêt. Mais il eut bien du mal à comprendre leur geste. En effet, tournant le dos à ses hommes durant tout ce temps, il n'avait pas eu connaissance de l'apparition, ni du dénouement heureux que connurent ses hommes en franchissant sains et saufs les rapides. D'où que toutes sortes de pensées funestes lui traversèrent l'esprit en regardant les Iroquois s'enfuir. Il se disait qu'il aurait tellement préféré périr avec ses compatriotes plutôt que d'être laissé à lui-même sur cette île déserte ; bientôt, il serait dévoré par les bêtes sauvages, se disait-il, ou encore scalpé par les Iroquois qui reviendraient lui faire la peau.

Alors, il se mit à crier à l'aide dans tous les sens et à tous les vents ; il appelait ses compagnons en espérant être entendu. Mais il n'entendait que l'écho de ses cris et le bouillonnement des eaux tumultueuses des rapides. Cependant, même si sa position était peu enviable, Cadieux reprit tout de même courage. Son expérience de coureur des bois allait lui servir une fois de plus à se tirer d'impasse, essayait-il de se convaincre ; ce n'était pas la première fois qu'il se retrouvait seul dans les bois et il se fit à lui-même le pari de demeurer en vie, de trouver une manière de se sortir de cette impasse. Par exemple, sachant très bien comment survivre en forêt, il savait pertinemment que la première chose à faire consistait à édifier un abri pour rester au chaud et au sec durant la nuit. Il s'affaira donc à ramasser des branches de sapinage et réussit à s'allumer un feu avec des pierres et de l'écorce de cèdre. Certes, la survie du courageux Cadieux n'était pas assurée et ses jours s'annonçaient fort pénibles étant donné le peu de moyens dont il disposait.

Souvent, son esprit tourmenté prenait le dessus, ainsi gagné par la peur d'un éventuel retour des sauvages et prisonnier d'une implacable solitude. De plus, la faim se mit progressivement à le tenailler. Cadieux se mit ainsi à la recherche de petits fruits sauvages et de racines pour s'alimenter un peu et ne pas succomber au dépérissement. Il réussit, de plus, à fabriquer un filet pour capturer quelques poissons, malgré qu'il ne pouvait user du feu à volonté de peur d'être découvert par ses ennemis. Vite accablé de sommeil également, il dormait très mal en raison des bruits incessants autour de son campement de fortune ; une meute de loups rôdait dans les environs, de même qu'un gros ours noir. Mais surtout, l'esprit envahi par des visions cauchemardesques, il croyait constamment entendre les pas des Iroquois non loin de lui. Cadieux se consolait dans l'épreuve en se réfugiant dans la prière. Ainsi, en parlant à Dieu, en élevant son âme vers le ciel, son esprit s'apaisait quelque peu, et cette prière, en quelque sorte, l'accompagnait dans l'adversité de sa solitude. Puis, après bien des jours et des nuits au beau milieu de cette nature sauvage, il eut besoin de sublimer autrement son épreuve. C'est ainsi qu'un matin il se fit poète de sa tragédie et, dès lors, ne vécut son infortune que par le truchement de ses propres mots, voire ses propres paroles et images qu'il choisit au gré des fluctuations de son âme et de son espoir de s'en sortir vivant. Il se fabriqua donc un carnet à l'aide d'aiguilles et d'écorce et il y traça tout ce que lui inspiraient les méandres de son âme, voulant ainsi conjurer la mort qu'il anticipait de plus en plus comme un seul homme devant une nature impitoyable. Son but ? Ne pas mourir dans l'oubli. Il souhaitait que ses fidèles covoyageurs aventuriers qui retrouveraient sa dépouille puissent en quelque sorte retrouver une partie de son âme immortalisée dans l'écorce de ses mots.

Alors que ses compatriotes avaient filé vers Montréal sur la rivière Outaouais, le temps passait inexorablement et

Cadieux s'affaiblissait de plus en plus. Mal nourri, il tentait de survivre à une alimentation rudimentaire et insuffisante. Son expérience tiendrait du miracle et il voulait la vivre et y survivre pour ensuite la raconter pour toute sa postérité. Quant à ses compagnons, ils racontèrent leur aventure dès leur retour au bercail : les Iroquois qu'ils affrontèrent et auxquels ils échappèrent en sautant par-dessus les chutes et les rapides, miraculeusement sauvés qu'ils furent par une énigmatique *dame blanche*. Mais ils racontèrent aussi que, dans leur fuite précipitée, ils avaient laissé, sans le savoir, Cadieux seul sur l'île déserte. Si seulement le gouverneur voulait leur fournir du renfort afin qu'ils puissent repartir à la recherche de leur maître, essayaient-ils ultimement de faire comprendre. Or, heureusement, Cadieux était estimé de tous. Il avait sauvé la vie à bien des gens, y compris celle de certains hommes d'État. Ainsi, les nomades réussirent à convaincre le gouverneur et ce dernier pu rassembler trente hommes supplémentaires prêts à donner leur vie pour sauver Cadieux.

Malgré la longueur de la route, les hommes parcoururent la distance rapidement. Le mauvais temps et le froid leur rendaient la vie difficile. Vint le temps du portage, non loin de l'île du Grand-Calumet. On approchait maintenant du lieu où l'intrigante et énigmatique *femme blanche* leur avait sauvé la vie. Les cœurs de nos nomades aventuriers se serraient dans leur poitrine. De manière cérémoniale, ils firent tous leur signe de croix et récitèrent quelques prières jusqu'à ce qu'ils accostassent sur la pointe de l'île. Personne ne les attendait. On se méfiait des Iroquois qui pouvaient très bien resurgir sans avertissement. De fait, on apercevait, au loin, une légère fumée s'échapper au-dessus de la forêt. S'agissait-il de Cadieux ? On craignait le pire. Ou s'agissait-il des Iroquois ? Les compagnons de Cadieux ne prirent aucune chance et chargèrent leur arme, sortirent leur couteau, parés ainsi à toute attaque possible. Ils avancèrent doucement dans la forêt, en direction de cette fumée qu'ils avaient aperçue en posant pied sur l'île. Mais il n'y avait plus rien, plus un bruit, seulement une forêt dense et silencieuse. Nos voyageurs marchèrent plusieurs heures jusqu'au moment où ils trouvèrent une cabane abandonnée et, à quelques mètres, un feu fraîchement éteint qui fumait encore. Ces éléments leur donnaient déjà espoir de retrouver leur ami. Ils cherchèrent longtemps, lancèrent des cris de détresse, mais sans réponse. Navrés, découragés, sur le point d'abandonner les recherches, l'un d'entre eux vit soudainement apparaître le visage d'un homme à travers les branches. Il s'exclama de joie et courut en sa direction. C'était Cadieux! Mais le temps, la faim, la fatigue et la solitude avaient fait leurs ravages, tel qu'en attestait son visage épuisé à un point tel qu'on eut peine à le reconnaître. Cadieux s'avança vers l'homme et esquissa néanmoins un sourire, tant la joie de retrouver ses compagnons l'arrachait soudainement de son malheur. Mais, ironie du sort, Cadieux s'effondra au sol et mourut avant même qu'il puisse embrasser ses amis. Il n'avait pu survivre à une telle joie, à un tel bonheur et à une telle émotion d'aussi improbables retrouvailles. La faim et la misère l'avaient trop affaibli pour lui permettre de supporter un tel revers d'infortune.

On pleura sa mort longuement et on décida de l'enterrer à l'endroit même où il mourut. Non loin de là se trouvaient les écorces du gros hêtre sur lesquels on retrouva les écrits de Cadieux, des vers remplis d'images de ferveur, de foi, de peur, de doute, de résignation, mais aussi d'espoir. Voici donc cette complainte, écrite de la main d'un homme prisonnier de sa solitude, au milieu d'une forêt hostile :

Je viens finir ici cette campagne!
Ah! doux échos, entendez mes soupirs;
En languissant je vas bientôt mourir!
Petits oiseaux, vos douces harmonies,
Quand vous chantez, me rattachent à la vie:

Ah! si j'avais des ailes comme vous,
Je s'rais heureux avant qu'il fut deux jours!
Seul en ces bois, que j'ai eu de soucis!
Pensant toujours à mes si chers amis,

Je demandais: Hélas! Sont-ils noyés?
Les Iroquois les auraient-ils tués?
Un de ces jours que, m'étant éloigné,
En revenant je vis une fumée;

Je me suis dit: Ah grand Dieu, qu'est ceci?
Les Iroquois m'ont-ils pris mon logis?
Je me suis mis un peu à l'ambassade,
Afin de voir si c'était embuscade;

Alors je vis trois visages Français!
M'ont mis le cœur, d'une trop grande joie!
Mes genoux plient, ma faible voix s'arrête,
Je tombe-Hélas! à partir ils s'apprêtent:

Je reste seul-Pas un qui me console,
Quand la mort vient par un si grand désolé!
Un loup hurlant vint près de ma cabane,
Voir si mon feu n'avait plus de boucane;

Je lui ai dit : Retire-toi d'ici ;
Car, par ma foi, je perc'rai ton habit !
Un noir corbeau, volant à l'aventure,
Vient se percher tout près de ma toiture :

Je lui ai dit : Mangeur de chair humaine,
Va-t'en chercher autre viande que mienne.
Va-t'en là-bas, dans ces bois et marais,
Tu trouveras plusieurs corps, iroquois :

Tu trouveras des chairs, aussi des os ;
Va-t'en plus loin, laisse-moi en repos !
Rossignol va dire à ma maîtresse,
À mes enfants, qu'un adieu je leur laisse ;

Que j'ai garde mon amour et ma foi,
Et désormais faut renoncer à moi !

C'est donc ici, que le monde m'abandonne !
Mais j'ai secours en vous Sauveur des hommes !
Très Sainte Vierge, ah ! m'abandonnez pas,
Permettez-moi d'mourir entre vos bras !

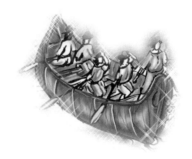

La Corriveau

Il faut remonter en 1733 pour l'année de naissance de notre héroïne, Marie-Josephte Corriveau, fille de Joseph Corriveau, un honnête homme de Saint-Vallier de Bellechasse. La pauvre Corriveau est décédée seulement trente années plus tard, en 1763, dans des circonstances les plus accablantes.

Première noce

En cette belle journée de novembre 1749, tout le petit village de Saint-Vallier, sur la Rive-Sud de Québec, s'était rassemblé pour célébrer la première noce de Marie-Josephte Corriveau, celle avec Charles Bouchard qui était loin de deviner qu'il s'engageait dans une bien courte vie avec sa bien-aimée. Certes, la Corriveau aimait beaucoup les hommes, mais aussi elle s'en lassait, voire les haïssait aussi très rapidement, au point de leur faire subir un sort atroce, dit-on encore aujourd'hui.

Cette union dura onze années bien sonnées et permit à Marie-Josephte de donner naissance à trois enfants : Marie-Françoise, Marie-Angélique et Charles. Ainsi la vie coula des jours heureux de mariés sans histoire, jusqu'au jour où la Corriveau arriva en trombe au village, en manière de vraie folle, les cheveux ébouriffés et l'air hagard. Ce matin du 17 avril 1760, les villageois virent une femme qu'ils n'avaient même jamais imaginée.

— Marie-Josephte, Marie-Josephte, calmez-vous pauvre enfant ! Que vous arrive-t-il donc ? lui demanda le curé de la paroisse.

— C'est Charles, c'est Charles ! Aidez-moi mon Dieu, aidez-moi ! cria-t-elle, complètement hystérique.

— Quoi? Charles? Qu'est-ce qu'il y a? enquêta le curé qui commençait lui aussi à perdre la tête.

— Dans le lit, là, chez nous, il est mort! Il est mort, j'vous dis!

L'abbé tressaillit! Après quelques secondes, il reprit son sang-froid, donna la bénédiction à Marie-Josephte, prononça quelques psaumes en latin. Elle n'y comprit rien, non seulement au latin, mais à ce qui venait de lui arriver également. Simplement attifée d'une chemise de nuit, la Corriveau affichait invariablement un air de «perdue de la vie». Ses yeux tenaient de l'émeraude et de la volaille…

Le curé, le bon docteur, le marchand, le notaire et le banquier n'y virent rien de bon augure. Selon les dires de la Corriveau, Charles Bouchard l'aurait quittée sans raison apparente, et mourut peu de temps après, comme on le racontait sans cesse dans le comté de Bellechasse. Pourtant, la rumeur prenait de l'ampleur à Saint-Vallier. En effet, d'après certains villageois, Marie-Josephte aurait versé du plomb brûlant dans l'oreille de son mari, pendant son sommeil. Selon certaines sources, la Corriveau souffrait d'une jalousie maladive. Un peu trop libertin à son goût, elle lui aurait fait subir cette mort horrible pour le punir. Mais le pauvre Charles mourut tout de même sans pouvoir se défendre de ce qu'on lui reprochait.

Deuxième noce

Malgré les rumeurs incessantes, Marie-Josephte épousa, après seulement quinze mois de veuvage, un dénommé Louis Dodier. Évidemment, cet événement n'allait en rien faire taire les commérages. Mais il ne fallut pas plus de trois mois après leur union pour qu'on retrouva Dodier étendu dans un enclos d'écurie, le crâne complètement fracassé, sous le regard orphelin de son cheval. Mais cette fois, la jeune femme n'allait pas s'en tirer aussi facilement. La justice s'en mêla en poussant sa détermination jusqu'à exhumer le corps de Bouchard pour autopsie judiciaire, pour finalement s'apercevoir que, après une analyse scientifique, le premier époux de la Corriveau avait succombé à des brûlures causées par du plomb coulé dans sa cervelle. À force d'investigations, on se rendit compte que la «caboche» de Dodier n'avait pas été piétinée par des sabots de jument comme le prétendait si bien la Corriveau, mais plutôt par une pelle à purin en fer que, de manière insouciante ou négligente, elle avait laissée tout ensanglantée non loin de l'écurie.

N'oublions pas que nous sommes à l'époque de la Conquête, alors que les habitants de notre pays étaient sous le joug du Régime britannique. C'est donc un tribunal militaire britannique qui traita cette affaire. Douze juges officiers anglais furent appelés à rendre un verdict dans cette affaire.

Le procès

Quand la malice atteignit son paroxysme, Marie-Josephte réussit à convaincre son propre père, Joseph Corriveau, de s'avouer coupable de l'assassinat de Dodier. Mais c'est seulement au procès que Joseph Corriveau en fit l'aveu, tel un coup de théâtre. Ainsi, lorsqu'un témoin fut appelé à la barre, monsieur Corriveau se leva brusquement et interrompit la Cour: «Arrêtez! je vous prie, c'est moi le coupable! Je suis le seul coupable de ce meurtre de Dodier. Faites de moi ce que vous voulez…» Telles furent les paroles du père Corriveau. Au couvent des Ursulines, à Québec, le tribunal prononça une sentence qui fit frémir l'auditoire: on condamna Joseph

Corriveau à la potence et sa fille à soixante coups de fouet sur le dos nu, puisque sa complicité fut néanmoins mise en cause. Mais ce n'était pas tout. On souhaitait également la marquer au fer rouge d'un *M* sur la main gauche – sans doute pour désigner «meurtrière» ou encore «murderer» en anglais. Voici l'ordre de la Cour :

Québec, 10 avril 1763

Ordre général.

La Cour Martiale, présidée par le lieutenant-colonel Morris, ayant entendu le procès de M. Joseph Corriveau et de Marie-Josephte Corriveau, Canadiens, accusés du meurtre de Louis Dodier, et le procès d'Isabelle Sylvain, Canadienne accusée de parjure dans la même cause, le gouverneur ratifie et confirme les sentences suivantes : Joseph Corriveau, ayant été trouvé coupable du crime imputé à sa charge, est en conséquence condamné à être pendu.

La Cour est aussi d'opinion que Marie-Josephte Corriveau, sa fille, veuve du feu Dodier, est coupable de complicité au dit meurtre avant le fait, et la condamne en conséquence à recevoir soixante coups de fouet à neuf lanières, sur le dos nu, à trois lieux différents, savoir : sous l'échafaud, sur la place du marché de Québec, et dans la paroisse de Saint-Vallier, vingt coups à chaque endroit, et à être marquée à la main gauche de la lettre M, *avec un fer rouge.*

La Cour condamne aussi Isabelle Sylvain à recevoir soixante coups de fouet à neuf lanières sur le dos nu, de la même manière, aux mêmes endroits et en même temps que ladite Josephte Corriveau, et à être marquée de la même façon de la lettre P, *à la main gauche.*

Ce qui semble confirmer que la Corriveau était une psychopathe tient dans le seul fait qu'elle n'éprouva aucun remord, aucune émotion quand elle entendit son père se sacrifier pour sauver sa peau. Elle demeura de glace. Ou alors était-elle de feu, celui d'un volcan imprévisible et meurtrier ?

Mais aucune de ces sentences prononcées par la Cour ne fut exécutée.

En effet, on s'en doute bien, le père Corriveau vivait très mal avec cette idée de finir ses jours aussi tristement pour un crime qu'il n'avait pas commis. Le confessionnal le poussa à avouer qu'il n'avait rien à voir avec la mort de Dodier. Une fois enfermé derrière les barreaux, les remords le serrant à la gorge, il confia au père Jésuite qu'il n'était pas le coupable. Il dénonça sa fille car, en toute bonne foi devant Dieu, il ne pouvait sacrifier son âme comme il souhaitait se sacrifier pour sauver sa fille. Le tribunal dut alors se consulter de nouveau après avoir pris connaissance de ces nouveaux faits. Cette fois, plus personne ne vint au secours de la Folle de Corriveau, et cette dernière finit par avouer avoir tué son mari à coups de hache, puis l'avoir traîné jusqu'à l'écurie pour tenter de faire croire que le cheval l'avait piétiné.

La sentence

Le dénouement de cette tragédie secoua la région entière. Marie-Josephte Corriveau, fille de Joseph Corriveau, fut pendue aux alentours des Buttes-à-Nepveu, sur les Plaines d'Abraham. Mais l'exécution en soit ne constitua pas l'événement le plus marquant de cette légende. Non ! Puisque vous souhaitez certainement connaître la fin de l'histoire, je me permets de poursuivre. Dans un élan de mysticisme, les autorités décidèrent que non seulement la Corriveau serait pendue, mais qu'on enfermerait son cadavre dans une cage et que cette dite cage serait suspendue en plein village, afin que tous contemplent le sort que l'on réservait aux crimes odieux. On choisit donc la Pointe-Lévis, carrefour de quatre chemins, comme lieu de prédilection.

Dès lors, les rumeurs, les histoires lugubres et les contes d'épouvante se succédèrent à un rythme effréné. On racontait que, le soir venu, la Corriveau quittait sa cage et suivait les voyageurs et les promeneurs. D'autres prétendaient qu'elle visitait le cimetière pour satisfaire son appétit à même les cadavres fraîchement inhumés. Aussi, on disait que la pendue jetait un mauvais sort aux passants qui s'arrêtaient trop longuement pour contempler l'objet sordide. La malchance s'acharnait alors sur ces personnes : accidents, mortalité, folie, aliénation mentale, etc. Les habitants des environs se plaignaient d'entendre des cris monstrueux, comme si une femme subissait une extrême torture. Ils entendaient aussi des grincements de fer et d'autres bruits macabres provenant du carrefour. Un jour, on décida de décrocher la cage et de l'enterrer au cimetière. Plusieurs années plus tard, vers 1830, on découvrit par hasard l'endroit où se trouvaient les restes. On les exhuma lors de l'agrandissement du cimetière. Par la suite, la cage fut vendue à un riche homme d'affaires américain. Selon certaines sources, elle serait exposée au Boston Museum avec une mention toute discrète « From Quebec ».

Comme vous le savez sans doute déjà, les légendes font partie de ce qu'on appelle la *tradition orale*. Lorsqu'une histoire est racontée, elle peut prendre plusieurs formes, tout dépendant de l'imaginaire de la personne qui la raconte. Celle de la Corriveau connaît également plusieurs versions. En effet, l'une d'entre elles mentionne qu'elle n'aurait pas tué deux maris, mais bien sept. Selon cette légende, le premier fut tué par un puissant anesthésique, puis étouffé avec un oreiller. Pour se débarrasser du deuxième mari, la Corriveau plaça une corde autour de son cou alors qu'il dormait au grenier. Elle attacha ensuite la corde à un cheval qui… prit la fuite. Le pauvre termina ses jours pendu. Quant au troisième, il fut empoissonné avec une potion que l'on nommait *Vert de Paris*. Elle profita d'une occasion où il consommait de la tisane pour soigner un rhume pour lui infliger le traitement fatal, soit en y incorporant, en catimini, cette fameuse potion mortelle de Paris. De plus, on raconte que le quatrième mourut des suites de brûlures causées par un liquide chaud versé dans l'oreille interne, apparemment de l'étain. Pendant qu'il récitait ses prières, le cinquième mari de la Corriveau aurait encaissé un violent coup de hache derrière la tête qui le tua instantanément. Pour le sixième, elle aurait utilisé un objet qui lui transperça le ventre. Tandis que le dernier de ses maris reçut, comme ce fut mis en lumière durant le procès, un coup de hache mortel à la tête.

Quelles morts atroces! Et qui osait se frotter à cette folle courait un grand risque. La terrifiante Marie-Josephte Corriveau, la mangeuse de maris, continue encore aujourd'hui d'alimenter l'imaginaire collectif. Malgré le fait que cette histoire soit racontée de diverses manières, il n'en demeure pas moins que des faits réels et historiques constituent la source première de cette histoire. En effet, nous savons que la Corriveau a eu deux maris, Charles Bouchard et Louis Dodier, qu'elle a froidement assassinés, deux crimes sordides pour lesquels elle fut jugée et pendue ; et nous savons que son cadavre fut bel et bien emprisonné dans une cage suspendue à la vue de tous les habitant de Lévis, en face de Québec. D'autres faits sont tout aussi réels, par exemple la naissance de ses trois enfants.

Plus que jamais la légende de la Corriveau alimente les esprits imginatifs encore aujourd'hui. En 1981, André LeBel publie un récit intitulé *La Corriveau*. De nombreux auteurs ont par la suite procédé à une réécriture de cette histoire dont Victor-Lévy Beaulieu. Le groupe musical québécois *Nos Aïeux* a même écrit une chanson à la mémoire de cette tragédie, intitulée *La corrida de la Corriveau*.

La Griffe du Diable

Voici une légende qui a fait le tour du monde. Bien entendu, l'histoire varie selon sa provenance, mais! Au XIXᵉ siècle, Guy de Maupassant publia la *Légende du Mont-Saint-Michel*, une version bien personnelle de *La Griffe du Diable*. Je me permets ici de vous raconter ma version de cette histoire.

À une certaine époque, bien avant celle de l'émancipation de la femme, la société patriarcale imposait que chaque membre de la famille prenne son rang et assume son rôle. Le papa jouait son personnage de père : il travaillait, grognait et mettait son poing sur la table pour un rien. La maman, quant à elle, s'occupait de la marmaille, voire de toute la maisonnée. Oui, en ces temps-là, les passe-temps se faisaient rares. Pas de radio, pas de télévision, pas d'ordinateur, même pas d'électricité. Les corvées se succédaient tout au long de la journée ; on les exécutait sans se poser de question. La femme s'occupait de la maisonnée, c'est-à-dire du lavage, du repassage, du nettoyage, de la préparation des repas, des animaux et attendait que le bonhomme revienne à la maison pour affirmer son autorité. Toutes ces tâches terminées, les femmes pouvaient profiter du peu de temps libre qu'il leur restait pour tuer ce temps, mais avec beaucoup d'imagination. En effet, quoi de mieux pour passer le temps que de chercher des prétextes pour entamer une bonne chicane avec sa voisine.

Dans le comté de Bellechasse, les disputes participaient au bon voisinage. Deux femmes de la région rivalisaient plus que toutes les autres pour la polémique : madame Thérien et madame Bouchard. Chacune avait une famille nombreuse. La Thérien était plus large que haute et possédait un fort caractère.

La Bouchard, elle, était aussi bien portante, mais plus silencieuse que la première, sans doute plus sournoise également. Néanmoins, entre ces deux voisines, les couteaux volaient souvent très bas. Elles s'épiaient constamment pour trouver le moindre prétexte pour déclencher pour une chicane.

À tous les ans, au mois d'août, on s'affairait à la cueillette des bleuets. Bien juteux et bien sucrés, les fruits faisaient la joie de toute la marmaille. Seulement, cette année-là, pour une raison encore inexpliquée, les bleuets étaient rouges. Qu'à cela ne tienne! Ils goûtaient bon. Un beau matin, la bonne femme Bouchard, le bébé sur le dos, se dirigeait allégrement vers le champ de fruits pour y faire sa cueillette. Sa voisine, qui la surveillait, l'intercepta :

— Tu vas où comme ça, ma bougresse? cria madame Thérien.

— Occupe-toi donc de tes affaires, vieille folle! répliqua madame Bouchard.

— Voleuse de bleuets! Je te prends sur le fait…

— Voleuse toi-même! Je t'ai vue en cueillir l'année dernière, hypocrite! Tout le monde se sert, tu le sais trop bien. Ce sont des bleuets sauvages et ils sont donc à tout le monde. D'autant plus que c'est Dieu qui les fait pousser, ajouta Mme Bouchard.

— Va donc chez le Diable! l'injuria la Thérien.

En effet, les habitants du coin n'avaient aucun scrupule quand il s'agissait de ramasser les fruits qui poussaient dans ce champ. La terre appartenait bel et bien à un bonhomme, mais personne ne le voyait. Cet être secret ne se mêlait guère aux habitants du village. Il sortait surtout la nuit, paraît-il, et nul ne pouvait dire où il habitait. Du reste, il possédait cette terre depuis quelques années; un lopin qui appartenait auparavant à un cultivateur, un dénommé Maltais. Le bonhomme Maltais, encore tout fringuant, perdit la vie d'une façon bien mystérieuse. La succession fut réglée simplement, d'autant que notre inconnu et mystérieux bonhomme réclama alors la terre à la famille endeuillée sous prétexte qu'il l'avait louée à Maltais.

Mais pour revenir à madame Bouchard, celle-ci marcha d'un pas ferme avec son bébé jusqu'au champ. Elle y cueillit des bleuets rouges une bonne partie de l'après-midi, ramassant une bonne quantité de fruits, suffisamment pour préparer de bonnes confitures. Elle rentra à la maison sans se questionner sur la couleur des baies ou encore de la clandestinité de son entreprise. Après tout, ces fruits appartenaient à tout le monde et c'est Dieu qui les faisait pousser!

La Thérien, quant à elle, vertement jalouse, décida d'y aller à son tour le lendemain. Elle voulut se rendre au champ à l'insu de tous, surtout sans que la Bouchard ne s'en aperçoive. Seule au champ, elle cueillit, elle aussi, une bonne grosse poignée de fruits rouges bien mûrs. Vers la fin de l'avant-midi, alors qu'elle se pencha pour ramasser ses dernières baies, un homme s'approcha d'elle et l'interpella d'une voix très grave et caverneuse: «Ce sont mes fruits que vous cueillez-là!»

La bonne femme Thérien se retourna doucement et aperçut le mystérieux propriétaire de la terre. Elle le balaya du regard quelques secondes sans dire mot. Face au soleil, les yeux de la Thérien ne pouvaient distinguer que la silhouette effroyable de cet homme: une tête en forme de triangle, des mains immenses avec des ongles qui se recourbaient sur ses doigts. Ce «monstre» avait le dos courbé et les épaules en bouteille. Aussitôt, la Thérien poussa un cri terrifiant juste avant de s'enfuir à toute vitesse vers sa demeure. Elle courut à s'époumoner sans relâche, mais elle savait que la Bête la suivait. Oui, elle l'avait bien reconnu, c'était le Diable en personne! Sans même y penser, elle alla se réfugier chez madame Bouchard qui étendait son linge dehors.

— Mais que se passe-t-il donc? demanda la bonne femme Bouchard, étonnée de voir sa voisine à bout de souffle et l'air complètement horrifiée.

— Les bleuets, là-bas… Le monstre!

— Le monstre? Quel monstre? demanda la Bouchard qui n'en croyait pas ses oreilles.

— Aidez-moi, vite! Le Diable me pourchasse!

— Le Diable?

La bête était juchée sur un rocher, tout juste en face de la maison des Bouchard. Les deux femmes se tenaient par la main. La peur leur nouait la gorge. Elles entrèrent dans la maison pour se réfugier et madame Bouchard eut l'idée de prendre le bébé. « Prenons-le, dit-elle à sa voisine. Il est pur, il nous protégera contre les maléfices de Satan! Il n'aura aucune emprise sur lui. »

Le Diable rageait et pestait sur son rocher, car la vue d'un enfant était la seule chose qui puisse le paralyser. Sa colère était si grande qu'il griffa le rocher avec ses ongles de pieds et de mains, et il laissa ainsi des traces indélébiles dans le roc. Après quoi le Diable s'évanouit dans l'horizon et les deux femmes furent dès lors sauves.

Encore aujourd'hui, les traces laissées par le Diable subsistent à Saint-Lazarre-de-Bellechasse. On y chante même le reel de la *Griffe du Diable* comme pièce thème d'un célèbre festival.

La tour de Trafalgar

Connaissez-vous la tour de Trafalgar ? Cette légende provient, en fait, d'une nouvelle qui a été publiée en 1835 par Georges Boucher de Boucherville. Il s'agit du premier conte publié en langue française, au Québec. Évidemment, nous ne savons si cette histoire s'inspire de faits réels ou encore si elle est totalement inventée. Nous ne savons non plus si cette fameuse tour s'élevait vraiment vers le ciel, sur les flancs du Mont-Royal, dans le quartier Côte-des-Neiges. Selon Georges Boucher, une petite tache blanche attire l'œil quand on jette un regard vers la montagne. « C'est une petite tour à la forme gothique », écrivait-il, une tour qui rappelle des souvenirs pénibles d'une scène d'horreur qui est à l'origine de cette histoire. Chose certaine, la légende de la tour de Trafalgar ne laisse personne indifférent. Une histoire lugubre qui nous glace le sang. Permettez-moi donc de vous la raconter, cette histoire. Je vous promets que vous vous en souviendrez toute votre vie !

Par un beau samedi après-midi d'été, Georges se décida enfin à quitter sa demeure pour partir en excursion sur la montagne. Il partit seul, sans sac ni provision, et légèrement vêtu étant donné que les chauds rayons du Soleil lui caressaient la peau déjà à ce temps-ci de l'année. Juin en était pourtant à ses premiers balbutiements, mais le temps était propice aux vêtements légers. À cette époque, la nature sauvage régnait dans cette partie de l'Île. On s'y promenait comme au beau milieu d'une forêt vierge de l'arrière-pays. Toujours est-il que Georges eut l'idée d'aller chasser quelques couvées de perdrix. Il apporta son fusil. Sous les arbres à perte de vue, il vagabondait allégrement, dans la forêt comme dans ses pensées. Au moment où quelques oiseaux s'envolèrent en peur pour aller chercher un refuge, Georges s'aperçut qu'il avait perdu son chemin. Il jeta un coup d'œil au ciel et vit de gros nuages s'amonceler et former une couche foncée et menaçante.

Georges n'avait pas prévu le coup. Déjà, au loin, on entendit le tonnerre gronder ; le vent s'éleva et la noirceur couvrit la forêt en un rien de temps. Des éclairs déchirèrent le ciel tandis que la cime des arbres se balançait de droite à gauche et de haut en bas. La pluie se mit à tomber. Seulement quelques gouttes froides, au début, puis avec plus d'ardeur jusqu'à ce que la petite averse se transforme en véritable déluge. Comme des coups de fouet assénés par un bourreau, la pluie venait marteler ses cuisses frigorifiées par le vent. L'orage éclata si subitement qu'il eut à peine le temps de se rendre compte qu'il se trouvait seul et égaré au beau milieu de la forêt, sans guide ni boussole pour retrouver le chemin de la maison. Georges marcha donc de longues heures à la grosse pluie battante, dans l'espoir de trouver un sentier. Il errait d'arbre en arbre, tentant de se camoufler le plus possible et d'éviter que la pluie glaciale ne l'envahisse davantage. Bientôt accroupi pour éviter de tomber de fatigue, la foudre s'écrasa quelque part dans le bois, sans manquer d'éclairer, ne fut-ce qu'une fraction de seconde, une petite tour que Georges remarqua alors qu'il gardait ses paupières trempées bien ouvertes. Elle était située à peine à quelques pas de lui, mais l'obscurité l'empêchait totalement de la voir. Il s'y précipita sans attendre.

L'apparence lugubre de cet asile n'aida en rien à le rassurer. La pluie s'introduisait volontiers dans le bâtiment, soit par la porte ou par les fenêtres brisées. Le vent sifflait furieusement à travers toutes les anfractuosités de la toiture ; l'eau s'infiltrait par la moindre ouverture et ruisselait jusque dans la cave qui s'ouvrait béante sous ses pieds. Georges se trouvait dans un tel état de fatigue qu'il désirait simplement se nicher dans un petit coin pour sommeiller quelque temps, le temps de laisser passer l'orage et de se reposer un peu. La faim et le froid le tenaillaient. Bien qu'exténué, il s'accroupit le long d'un mur et étendit son fusil tout près de ses pieds. À peine quelques minutes après qu'il eut fermé les yeux, il sentit une froideur sur son visage et sur tout son corps, comme si une main étrangère venait de l'effleurer. Son corps ne pouvait répondre à ses pensées, tant il avait sommeil malgré la peur qui le menaçait. Était-ce la main d'un homme ? Était-ce un animal ? Était-ce le vent ? Tout cela était bien possible. Ou s'agissait-il simplement du fruit de son imagination ? Georges ouvrit les yeux et sursauta d'horreur quand il aperçut, gisant sur le mur défraîchi, une coulisse de sang rouge vif qu'un éclair venait soudainement de dévoiler. Mille et une visions d'épouvante se succédaient dans son esprit. Un assassin s'était-il introduit dans cet asile pour l'effrayer ? Il jeta un œil à son fusil qui reposait toujours près de ses pieds. Du reste, l'orage se calma relativement au point où la pluie cessa.

Aussitôt, Georges prit ses jambes à son cou et quitta cette tour à toute vitesse, comme si des esprits maléfiques le forçaient à fuir. Il marchait d'un pas saccadé, sans trop savoir où sa peur le mènerait. Il se retournait constamment, le moindre bruit le faisait sursauter, anticipant l'apparition d'un meurtrier. C'est plutôt une cabane qu'il croisa sur son chemin, après une bonne heure de marche rapide. À quelques centaines de pas de la bâtisse, il entrevoyait la silhouette d'un homme par la fenêtre. Bien qu'il ressentit une joie immense de se trouver à cet endroit à ce moment, il eut aussitôt peur de cet étranger. Son allure n'avait rien de bien rassurant. De taille imposante, les épaules larges, les muscles de cet homme se dessinaient avec force. Georges, néanmoins, se dirigea vers la cabane et cogna à la porte. L'homme ouvrit. « Je n'ai rien à vous donner », affirma l'homme d'un ton autoritaire.

Georges s'étonna de recevoir un accueil aussi froid. Il tenta tout de même de solliciter l'aide de l'étranger :

— Si vous ne pouvez me donner ni morceau de pain pour calmer ma faim, ni reposoir pour m'étendre un peu, sans doute pouvez-vous m'indiquer la route pour me rendre à la plus proche demeure ?

— D'où venez-vous comme ça ? répondit l'homme. Vous avez passé une partie de la nuit dans le bois ?

— Oui, je suis épuisé, répondit Georges. Je me suis égaré pendant l'orage. J'ai trouvé refuge dans un endroit assez peu rassurant, je l'avoue. C'est une petite tour abandonnée. J'y ai vu du sang et j'y ai senti une présence.

— Quoi ? La tour ? Vous avez vu quelqu'un ? demanda l'homme avec étonnement.

— Non, je n'ai rien vu, poursuivit Georges, mais vous connaissez sûrement des faits que j'ignore au sujet de cette tour. Savez-vous pourquoi il y a du sang sur les murs ? Et pourquoi cette pression, cette présence inquiétante ?

L'homme se tenait bien droit sur le parvis. Sa silhouette remplissait tout le cadre de porte. Malgré la peur et la grande fatigue qui l'affligeaient, cet étranger avait suffisamment provoqué la curiosité de Georges qui voulait savoir ce qui s'était passé à cet endroit lugubre. L'étranger poursuivit donc ainsi : « Vous me semblez une jeune personne honnête. J'accepte de vous en parler à condition que vous gardiez le secret. Cette histoire est sordide, mon jeune ami. Encore une fois, si vous souhaitez m'entendre, jurez de ne rien dire à personne. »

C'est ainsi que l'homme prit une posture plus confortable et commença son histoire. Georges l'écouta attentivement :

« La petite Léocadie, une enfant d'à peine dix-sept ans, une fine fleur aux bonnes mœurs, vivait avec sa tante dans le quartier Côte-des-Neiges, tout près d'ici. Elle représentait, sans contredit, le meilleur parti des environs. Seulement, un dénommé Joseph, dont elle était profondément amoureuse, avait déjà demandé sa main. La jeune rêvait du jour où ils pourraient s'unir par les liens du mariage pour l'éternité. Un jour, Léocadie, qui malgré son jeune âge était fort dévote, prit le chemin de l'église pour y réciter quelques prières. Un jeune homme, passant devant l'édifice, la vit sortir et fut ébloui par la splendeur de la beauté de Léocadie. Il tomba éperdument amoureux de la jeune femme sans même lui avoir adressé quelques mots. Son amour fut si fort qu'il jura de n'aimer personne d'autre de toute sa vie. Il fit l'impossible pour se rapprocher d'elle et réussit, malgré la grande gêne qui l'habitait, à lui parler au bout de quelques jours. Mais le jeune homme connaissait la tante de Léocadie, qui lui avoua, après quelque temps, que le cœur de la jeune fille appartenait déjà à quelqu'un d'autre. Quand le jeune homme entendit ces mots, son visage devint d'abord très pâle. Mais la rage lui monta à la tête et il devint rouge. Il rentra chez lui et songea à sa vengeance. "Ils vont payer tous les deux pour ce qu'ils m'ont fait", se dit le jeune homme.

Un beau matin, il aborda Léocadie près de l'église, lieu de leur première rencontre. Il s'approcha d'elle et prononça les paroles terrifiantes qui suivent :

"Regarde comme le Soleil est rouge, il est rouge comme du feu, comme du sang, comme le sang qui doit couler."

La petite Léocadie fut horrifiée par cette parole. Elle partit en courant sans même le regarder ni lui dire au revoir.

Son souhait le plus cher était de ne plus jamais croiser le chemin de ce jeune homme.

Quelques jours s'écoulèrent sans que Léocadie ni Joseph n'entendent parler de cet homme obscur. Pourtant, ce dernier surveillait bien leur faits et gestes, prêt à bondir comme un vautour sur sa proie. Par un beau dimanche ensoleillé, les deux amoureux partirent en excursion à la montagne. Le ciel était d'un bleu azur et les arbres étaient verdoyants. Ils erraient dans les sentiers, bras dessus bras dessous. Ils étaient heureux, silencieux mais passionnément amoureux. Le couple marcha jusqu'à la petite tour. La fatigue affligeait Léocadie et elle décida de s'asseoir dans l'herbe, au pied de l'édifice. Elle soupira. "Regarde comme le Soleil est rouge Joseph, lui dit-elle. Je n'aime pas quand le Soleil est rouge, il me fait peur." Mais son fiancé éclata de rire et tenta de la rassurer en lui disant de ne pas s'occuper de cet étranger, que ses mots n'étaient qu'enfantillage.

"Partons, insista Joseph auprès de sa bien-aimée. Je crois que tu es bien fatiguée. Mais avant, entrons dans la tour quelques instants." Au moment où Léocadie posa ses mains parterre pour se lever, ils entendirent des pas d'homme derrière le bâtiment. Joseph n'y porta pas attention et aida sa fiancée à se relever. Les deux jeunes gens se retrouvèrent bientôt à l'intérieur de la tour où il régnait une ambiance morbide et une forte odeur d'humidité. Léocadie tressaillit quand elle crut voir une lueur dans l'obscurité de cet endroit lugubre. Joseph s'approcha d'elle et lui donna un baiser, soit le moment propice pour que le monstrueux prédateur saute sur ses victimes. C'est ainsi qu'une silhouette d'homme bondit sur la jeune femme et lui asséna un coup de couteau au cœur. Elle s'écroula aux pieds de Joseph, sans vie, sans même expirer son dernier soupir. Joseph s'élança subitement et engagea violemment le combat avec l'homme. Sans arme, il avait bien peu de chances de livrer une lutte qui puisse lui sauver l'existence. Le meurtrier repoussa violemment Joseph et le projeta au sol. Un genou contre sa poitrine, il lui serra la gorge si fortement que l'agonie ne dura que quelques secondes. Il entendit le dernier râlement de gorge de sa victime et sa vengeance fut ainsi satisfaite.»

Georges écoutait toujours attentivement cet homme quand il le vit s'arrêter et s'éponger lentement le front. Le conteur se leva d'un trait et courut dans la cabane. Au bout d'une minute, il ressortit et s'adressa à son interlocuteur: «Approchez-vous, chuchota l'homme. Regardez, ce sont des cheveux de Léocadie.»

L'homme sortit de la poche de sa chemise une courte mèche de cheveux châtains, la lui montra. Georges, complètement horrifié, prit ses jambes à son cou et s'enfuit à toute vitesse. Pendant qu'il s'éloignait de la cabane, l'homme lui adressa une dernière phrase: «N'oubliez pas votre promesse!»

Le Diable danse
à Saint-Ambroise

À Saint-Ambroise, petit village de la région du Saguenay, on ne faisait pas les choses à moitié. À une époque où les valeurs religieuses prévalaient sur toute autre forme de pensée, les interdits abondaient. Le clergé contrôlait tout et la moindre offense était considérée comme une hérésie. Comme en témoigne ce court texte, la résistance au dogme existait déjà à l'époque. On défiait l'Église et on se méfiait des prêtres.

> *Le respect des interdits est aussi ce qui sépare le croyant du non-croyant. Celui qui vit avec un autre Dieu, ou, pire, sans Dieu! L'impie, celui qui ne respecte rien… Celui qui met le doute dans l'esprit du Fidèle et menace le pouvoir des autorités religieuses. Celui qu'il faut convertir ou tuer. Il ne faut pas grand-chose pour que les croyants de toutes obédiences se sentent offensés dans leur dignité et leur Foi. Protégeons, avant qu'il ne soit trop tard, l'apostat, le mécréant et le blasphémateur. Les bûchers ne sont jamais loin.*

Parmi les interdits les plus courants, il y avait la danse. Pas question de provoquer la tentation des jeunes hommes! Les Chrétiens ne devaient pas danser, sous aucun prétexte. Mais à Saint-Ambroise, comme on faisait les choses différemment, les habitants du village avaient édifié une salle de danse. Plus on interdisait aux gens de danser, plus ils dansaient. L'endroit était magnifique; une construction digne des meilleurs chantiers. La cabane était faite de bois rond, montée sur pilotis en raison des fonds marécageux. Non pas que les gens du village ignoraient les directives du curé, n'allez surtout pas croire ça. Mais la danse avait la cote, «la pogne» comme on dit, et à l'époque, il faut bien le dire, les divertissements étaient plutôt rares. Ils eurent donc l'idée de construire une belle salle où les habitants, jeunes comme moins jeunes, pourraient profiter d'un endroit quasiment secret où ils se dégourdiraient durant de longues veillées. La recette était simple : quelques bons violoneux, des femmes et des hommes qui veulent danser, et en avant la compagnie !

On avait organisé une veillée qui allait passer à l'histoire. C'était à l'automne 1837. Le temps était frais mais beau. À cette période de l'année, les journées raccourcissent et les soirées sont de plus en plus longues. Au village, on préparait déjà cette danse depuis belle lurette. À Saint-Ambroise, une jeune fille aimait la danse plus que tout au monde. La belle Fleurette, comme on l'appelait avec affection, n'en pouvait plus d'attendre cet événement qui allait durer toute une nuit. On allait danser jusqu'à ne plus sentir ses jambes. Trois violoneux, les meilleurs de la région, donnaient le ton aux fêtards qui ne s'ennuyaient pas une minute.

La veillée débuta au galop vers les sept heures du soir. On dansait avec beaucoup d'énergie. Le grand organisateur de cette soirée, le bonhomme Bouchard, invita un jeune gringalet, qui ne dansait pas mais qui venait pour observer les jeunes filles en fleur, à aller surveiller à la fenêtre au cas où le curé passerait dans le coin. Vers les neuf heures, le môme alerta le bonhomme de la venue d'un étranger. Il ne s'agissait pas d'un homme en soutane, loin de là. C'était un beau jeune homme, vêtu de noir, élégant, distingué et fort bien mis, sur une majestueuse monture digne des plus grands chevaliers. Or il se présenta au maître de cérémonie comme un voyageur qui entendit du bruit et qui voulait simplement se joindre à la fête. On le fit donc entrer et, au moment même où il posa le pied à l'intérieur de la pièce, les violoneux s'arrêtèrent d'un coup sec. Les danseurs cessèrent leur danse carrée et figèrent sur place. Les yeux étaient rivés sur ce bel inconnu qui voulait bien se joindre à eux pour se dégourdir un peu. Le bonhomme Bouchard l'invita alors à prendre un p'tit verre et à danser avec la compagnie. Ainsi, les violons chantèrent de nouveau et les danseurs s'en donnèrent à cœur joie. Les deux hommes discutèrent un brin pendant qu'on surveillait toujours par la fenêtre pour prévenir une arrivée non désirée. Puis, l'étranger se leva sans dire mot et se dirigea lentement vers le plancher de danse. Il était vêtu d'une longue redingote noire, d'un chapeau de feutre et de bottes brillantes. Curieusement, il garda ses gants. Son visage était pâle, ses yeux d'un bleu clair et scintillant.

La belle Fleurette admirait l'étranger qui s'approchait d'elle, mais ce dernier se mit plutôt à fixer une autre jeune fille, celle qu'on nommait la belle Lurette. Ses parents se trouvaient dans la salle, fort tranquilles, assistant passivement au spectacle de danse que donnaient les jeunes gens. Ils avançaient en âge, mais avaient quand même l'œil rivé sur leur fille. La bonne femme récitait son chapelet non loin du poêle à bois, tandis que le bonhomme reluquait la gente féminine. Plutôt soupçonneuse de nature, elle avait remarqué que l'étranger avait gardé son butin sur lui. Elle ne trouvait pas cela normal. Toujours est-il que l'intrus aborda la belle Lurette et l'invita à danser. Ils dansèrent de longues minutes sans se fatiguer. D'une élégance sans nom, le beau jeune homme se faisait remarquer par sa prestance et ses pas de danse tout en souplesse. Ils s'arrêtèrent brièvement, le temps de reprendre leur souffle et de boire un peu. La Lurette portait une petite chaîne à son cou, à laquelle pendait une croix. Son nouveau partenaire retira la chaîne sèchement et lui offrit une autre chaînette pour la remplacer. La jeune fille était tellement séduite qu'elle ne porta pas attention au geste et les deux se remirent à danser. Au bout de quelques minutes, l'étranger tenta d'attirer discrètement la Lurette à l'extérieur. Il lui proposa d'aller prendre l'air, mais elle refusa. Malgré sa vulnérabilité au charme du jeune homme, elle se méfia et s'écarta de l'étranger.

Et ce fut alors au tour de Fleurette de s'intéresser à l'inconnu. Aussitôt qu'elle constata le retrait de la Lurette, elle bondit sur le beau jeune homme et le tira avec elle sur le plancher de danse. Et les reels se succédèrent à un rythme d'enfer ! Les deux jeunes dansèrent longtemps. Fleurette en redemandait encore et encore. Le bel inconnu était tellement séduisant qu'elle souhaitait que la nuit dure pour toujours. Après une bonne heure de gigue et de danse en rond, l'étranger insista pour aller prendre l'air un peu. La belle Fleurette accepta et les deux jeunes sortirent de la salle. L'étranger laissa passer sa conquête devant lui quand soudain, alors qu'il franchit le seuil de la porte, sa main s'accrocha au cadre et égratigna de ses cinq doigts la structure. Le bruit fut si terrible qu'il enterra la musique des trois violoneux. Le môme, qui surveillait toujours par la fenêtre, observa les deux fêtards disparaître dans les bois. Le bonhomme Bouchard, fort inquiet de la situation, sortit aussitôt en appréhendant quelque accident. Quelques minutes de marche suffirent pour qu'il trouve Fleurette, le teint pâle et les yeux chavirés, esseulée en plein milieu d'un sentier.

— Où est passé l'inconnu ? demanda le bonhomme.

— Il est parti, répondit la jeune fille, transfigurée.

Le maître de cérémonie, à la fois perplexe et désolé des événements, ramena Fleurette avec lui dans la salle. Le silence régnait alors que tous les yeux étaient rivés sur la jeune fille. On pouvait entendre une mouche voler, tandis qu'à peine quelques minutes avant, le toit voulait fendre. Soudainement, la belle Fleurette se dirigea tout droit vers le plancher de danse, au beau milieu de la salle entre tous ces gens et se mit à danser, seule et sans la moindre note de musique. Elle dansa jusqu'à la transe, puis, subitement, elle se mit à courir dans tous les sens, comme une poule sans tête. Les parents et les amis assistaient impuissants à la scène, complètement bouleversés par le spectacle.

Le môme se leva subitement et courut vers le bonhomme Bouchard pour lui dire qu'un visiteur arrivait. C'était Monsieur le curé qui faisait sa tournée. Au moment où il s'introduisit dans la salle, il aperçut Fleurette qui dansait et courait dans tous les sens et tous ces gens qui la regardaient. L'idée que Satan était venu faire son tour lui croisa l'esprit. Il récita aussitôt des prières et interpella la jeune fille possédée et sortit sa croix. Aussitôt, Fleurette s'immobilisa et son corps s'enflamma telle une allumette. Les femmes se mirent alors à crier à tue-tête dans la salle alors qu'une épaisse fumée envahit aussitôt la cabane. Le curé cria à tout le monde de sortir immédiatement.

Une fois la fumée dissipée, on ne retrouva qu'un petit tas de cendre à l'endroit où le corps de Fleurette avait pris feu. Monsieur le curé avait vu juste : Satan avait fait son œuvre. Peut-être avait-il volé l'âme de la belle jeune fille, sait-on jamais. Toujours est-il que cet événement donna raison au clergé d'interdire la danse.

On se souviendra bien sûr de l'histoire de Rose Latulipe, celle qui dansa avec le Diable. Même si sa légende provient d'une scène qui s'est produite au siècle d'avant, elle ressemble beaucoup à celle de Saint-Ambroise. Nul ne s'est méfié du

Diable, incarné par un si bel homme, tellement élégant et distingué. Pourtant, depuis la légende de la belle Rose Latulipe, le Diable ne cesse de venir hanter les lieux où l'on danse. Cette histoire saguenayenne inspira les auteurs et les écrivains à composer une complainte, celle de la *Femme qui dansait avec le Diable*.

> *C'est par un beau dimanche,*
> *La belle est dans sa chambre.*
> *Eli s'apparut un homme*
> *Qui lui parlait soudain.*
> *Eli dit : « Ma pauvre fille,*
> *Je sais votre dessein.*
> *Votre dessein, la belle,*
> *C'est d'vous y marier.*
> *Si vous voulez m'aimer*
> *Et retiend' mes amours,*
> *Au bout de six semaines*
> *Vous serez mariée. »*
> *Au bout de six semaines,*
> *La belle ell' s'y marie.*
> *Ell' s'en va-t-à l'église*
> *Devant tous ses parents.*
> *Le Diable est par-derrière*
> *Qui la poussait de près.*
> *T'en souviens-tu la belle*
> *L'autre jour dans ta chambre ?*
> *L'autre jour dans ta chambre,*
> *Ça c'tu m'avais promis ?*
> *C'est aujourd'ui la belle*
> *Qu'il nous faudra partir. »*

Oh! grandDieu, c'est-i' dure
D'aller dans ces enfers-re;
D'aller dans ces enfers-re
Pour une éternité,
D'aller dans ces enfers-re,
Grand Dieu, qu'ell' cruauté.
Filles de mon pays,
Sur moi prenez t-exemple:
N'allez jamais aux danses,
Ni aux veillées du soir.
C'est ça c'qui m'y cause
Le plus grand de mes désespoirs.

Le Géant Beaupré

Son vrai nom était Joseph Édouard Beaupré. On le sur-nomma le *Géant Beaupré*, en raison de sa taille gigantesque, bien sûr. L'homme eut une vie bien triste malgré qu'il devint une légende. Il naquit le 9 janvier 1881, à Willow Bunch, en Saskatchewan. Fils aîné de Gaspard Beaupré et de Florestine Piché, rien à sa naissance n'annonçait sa taille future; il était tout simplement un bébé de bon poids, soit environ neuf livres. Mais c'est à l'âge de trois ans qu'il montra les premiers signes d'une croissance inhabituelle, voire phénoménale. Six ans plus tard, il mesurait déjà six pieds et six pouces. Vers la fin de l'adolescence, il avait atteint la taille de sept pieds et un pouce. Son allure marginale marqua bien sûr son enfance, période qu'il passa dans sa petite localité natale. Édouard ne fut pas très bon élève à l'école primaire; du moins, il ne parlait pas bien l'anglais et écrivait plutôt mal le français.

Non seulement était-il de taille gigantesque, mais le Géant Beaupré possédait une force hors du commun: vers l'âge de dix-sept ans, il souleva un cheval de huit cents livres. Mais en 1901, alors qu'il atteignit la taille de sept pieds et neuf pouces, il échoua de soulever un cheval de neuf cents livres et cette épreuve de force eut un malheureux dénouement: le Géant se brisa une jambe. Après avoir subi cet accident, il dut sagement limiter les charges qu'il soulevait.

Peu de temps après, le Géant séjourna à Montréal où il affronta, dans un combat de lutte, l'homme le plus fort du monde de l'époque: Louis Cyr. L'affrontement fut de courte durée et se solda par une victoire de l'homme fort. Mais ce n'était pas une surprise pour personne: Édouard, un être fort doux et peu belliqueux, avait à peine osé toucher son adversaire. En effet, pour le Géant Beaupré, la violence n'était pas une façon d'envisager l'existence des hommes. Sage conviction mais oh! combien malheureuse dans un monde si violent! Obstiné, voire convaincu de sa vision de la vie, et d'une affabilité déconcertante, il prônait plutôt des valeurs d'amour et de fraternité. Mais c'est bien sûr sa force herculéenne et son physique imposant que notre mémoire populaire retint et dont elle fit en sorte qu'on proposa à Édouard de multiples défis.

Quelques semaines après son combat de lutte, il quitta le Canada pour s'exiler aux États-Unis, dans le Montana plus précisément. Là l'attendait la vie dont il rêvait depuis un bon moment déjà, celle de devenir cow-boy dans un ranch. Édouard adorait les chevaux. Il appréciait cette quiétude qu'il retrouvait en leur compagnie. En revanche, ce rêve ne dura malheureusement pas très longtemps. En raison de son physique, et surtout de son poids, cette activité ne lui convenait guère. Ainsi, il s'éloigna progressivement de ses chevaux. Mais c'est lors de ce séjour qu'il rencontra un Américain qui désirait le faire connaître par le cirque et les arts de la scène. Le Géant faisait, à l'occasion, quelques petites démonstrations de sa force ici et là, mais jamais il n'avait pensé gagner sa croûte grâce à sa carcasse imposante. Encore à cette époque, il grandissait toujours. À l'âge de 21 ans, il mesurait sept pieds et onze pouces et pesait trois cent soixante-cinq livres. La circonférence de son cou atteignait vingt et un pouces alors que ses mains mesuraient douze pouces et demi, de son poignet jusqu'à ses doigts. Le contour de son thorax atteignait cinquante-six pouces. Quant à ses chaussures, toujours fabriquées sur mesure, elles étaient de taille vingt-deux. Au plan médical, Édouard Beaupré souffrait irrémédiablement de gigantisme pathologique.

Le Géant atteignit la taille gigantesque de huit pieds et trois pouces à son point culminant en 1904. Il pesait alors trois cent soixante-dix livres. La taille de son col de chemise était de vingt-sept. On lui proposa souvent d'épouser la plus grande femme du monde de l'époque, Melle Ella Ewing, une géante qui mesurait sept pieds et six pouces, mais il refusa sous prétexte qu'il avait plutôt un faible pour les petites… De l'humour en plus, avait-il. À cette même époque, le Géant Beaupré se joignit au cirque de l'Exposition universelle à Saint-Louis, au Missouri. Il tenait la tête d'affiche dans *Fairyland on the Pike*. Véritable phénomène, il attirait les foules et étonnait les petits et les grands avec son physique atypique et sa force surhumaine. Mais déjà, il souffrait beaucoup. La nature de sa maladie, puisque sa croissance n'avait rien de normal, lui avait donné en héritage une santé fort fragile. Le public, probablement ignorant de sa condition et des efforts que ces performances ou apparitions répétées lui exigeaient, était loin de se douter que le Géant Beaupré allait succomber à la tuberculose à peine quelques mois plus tard. Ainsi, chacune de ses apparitions en public lui demandait de résister à des tensions et à des malaises éprouvants ; chaque effort, voire chaque poids lourd qu'il devait soulever, le rapprochait un peu plus de sa légende, mais aussi de son malheureux destin. De fortes toux persistantes l'empêchaient de récupérer durant la nuit et chacune de ses représentations le laissait dans un état de fatigue chronique.

La maladie l'emporta le 3 juillet 1904 à 1h15 du matin, à l'hôpital de Saint-Louis où il s'y était rendu en compagnie d'un ami, un dénommé Noël, qui a assisté à ses dernières souffrances et qui nous en raconte, ici, ses derniers moments : « Ce soir-là, Édouard termina la représentation vers les 23h45. La journée fut fort éprouvante pour lui, il se sentait exténué. Avant d'aller se reposer un peu, il décida de prendre une tasse de thé. Dès la première gorgée, il ressentit une douleur atroce dans l'abdomen. Une vilaine quinte de toux l'assaillit. Il crachait du sang et se plaignait d'une sensation de brûlure dans les poumons. J'insistai fortement pour qu'il soit vu par un docteur et il accepta. Mais la maladie avait déjà fait des ravages, il était trop tard. Plus tard, il me demanda un verre d'eau. J'allai vite à la cuisine pour en chercher un et, au retour, le trouvai étendu sur le sol, inconscient. Je fis l'impossible pour qu'il reçoive des soins rapidement, mais, à peine quelques minutes plus tard, les médecins ne purent que constater son décès.» Quelle triste fin pour un homme si jeune! Le Géant Beaupré était lui-même fort attristé du sort qui lui était réservé, comme en témoignent ses propres paroles: «Je vais mourir, c'est triste de quitter cette Terre si jeune et si loin de mes chers parents.»

Mais c'est probablement ce qui se produisit par la suite qui contribua à faire de sa personne une légende. Le peu de respect que l'on voua à sa dépouille, mais surtout à sa mémoire, dépasse l'entendement. L'autopsie pratiquée par le docteur Gradwohl révéla une tumeur à l'hypophyse, ce qui devait expliquer le gigantisme de cet homme. On envoya ensuite le corps à une entreprise de pompes funèbres, Eberle et Keyes, afin qu'il subisse les préparations nécessaires pour les funérailles. Étant donné que la dépouille gisait toujours quelque part aux États-Unis, la famille du Géant Beaupré souhaitait la rapatrier le plus tôt possible. Le directeur du cirque, William Burke, s'était fait un devoir d'en assurer l'acheminement vers Willow

Bunch. Mais les coûts de transport étant beaucoup trop élevés pour ses moyens, Burke se ravisa.

Au moment où le père du Géant, Gaspard, apprit la nouvelle, il fila immédiatement vers Winnipeg, au Manitoba, afin de récupérer la dépouille. Mais il dut renoncer au corps de son fils aîné parce qu'on lui demandait de payer le double des frais à cause de la taille du défunt. Le père avait un revenu modeste et sept autres enfants à faire vivre, ce qui l'empêcha de rapatrier le cadavre de son fils comme il le souhaitait. Complètement atterré, il se résigna à laisser son fils à Saint-Louis où Burke lui promit de le faire enterrer dignement. Mais le capitaliste sans vergogne laissa le corps chez l'embaumeur qui profita de l'occasion pour essayer de faire quelques sous en l'exposant dans une vitrine de Broadway, près de Market Street. Un passant s'indigna devant ce spectacle et se chargea de prévenir la police. Mais on abusa une deuxième fois de la situation et on tenta de montrer le corps du Géant en public.

La famille Beaupré acceptait difficilement le sort d'Édouard et préférait garder sous silence ce qui représentait une tragédie à leurs yeux. Mais le père, lui, ne mit jamais en doute la parole de Burke et croyait vraiment que la dépouille de son fils reposait en paix, six pieds sous terre. Plus de vingt ans après la mort du Géant, on entendit des rumeurs qui parlaient du corps qui était possiblement encore en circulation. De fait, on l'exposait depuis un bon moment au Musée Eden sur la rue Saint-Laurent, à Montréal, dans un grand hall. L'exposition attira une foule considérable qui se bousculait pour observer le corps du Géant comme une bête de cirque. Mais les autorités décidèrent de mettre fin à l'exposition afin de lui trouver un repos paisible, à l'abri des regards.

Toutefois, au printemps de 1907, on trouva le corps du Géant Beaupré dans un hangar du parc Bellerive, sur la rue

Notre-Dame à Montréal. On l'avait oublié dans l'édifice par inadvertance. Des enfants firent la macabre découverte en jouant, par un beau dimanche après-midi. Un professeur de l'Université de Montréal, le docteur Delorme, fut alerté par un médecin de Mansonville qui apprit la nouvelle. On s'occupa alors de momifier le corps qu'on fit transporter jusqu'à l'université pour la somme de vingt-cinq dollars. On le plaça soigneusement sous une coque de verre afin de le conserver dans des conditions idéales.

Le neveu du Géant Beaupré, Ovila Lespérance, découvrit le corps de son oncle en 1970, à Montréal. Il fut choqué de voir à quel point la dépouille avait desséché au fil des ans. De fait, elle ne pesait plus que 75 livres alors qu'elle comptait au moins trois cents livres de plus avant la mort du personnage légendaire. Son neveu, qui participait à l'organisation des fêtes du centenaire de Willow Bunch, demanda la permission à l'Université de Montréal de rapatrier le corps dans sa ville natale. Mais les personnes responsables de l'établissement refusèrent de laisser partir le corps, craignant que d'autres personnes abusent de la dépouille comme ce fut le cas dans le passé.

Ovila Lespérance persista et demanda une fois de plus de ramener le corps de son oncle en Saskatchewan. On accepta enfin, mais à la seule condition qu'on procède à l'incinération de la dépouille. C'est ainsi que le neveu, aidé de quelques membres de sa famille, entreprit la démarche pour enfin offrir à son oncle le service funéraire et la sépulture auxquels il avait droit. Ainsi, le 7 juillet 1990, les cendres du Géant Beaupré furent enterrées à Willow Bunch, au pied d'une statue grandeur nature. Le Géant repose maintenant en paix devant l'Éternel, à l'abri des regards curieux et des exploiteurs sans vergogne. La famille du Géant éprouva un grand soulagement à l'idée que le personnage survive dans l'imaginaire des gens, mais que son corps puisse, quant à lui, reposer en toute quiétude et en tout respect. Après plus de quatre-vingt-cinq ans d'expositions morbides successives, la tragédie du Géant sans sépulture s'arrêtait enfin, et la dignité humaine du Géant Beaupré était maintenant reconnue, à nouveau honorée, pour ne pas dire « reconquise ».

Malgré son admirable légende, le Géant Beaupré vécut une existence bien malheureuse. Son physique lui confisquait le loisir de vivre normalement comme tous les hommes de son âge. Il fut même contraint de s'exiler pour gagner sa vie, alors que cette décision ne lui permit même pas de jouir de jours plus paisibles, voire plus heureux. L'exhibitionnisme sans scrupule que son sort l'obligea à pratiquer ne correspondait guère à sa personnalité plutôt contemplative et solitaire. En somme, son entourage se montrait bien peu sensible au fait que l'homme souffrait profondément de son gigantisme qui était, en fait, une maladie qui le contraignait à tituber péniblement entre le surhumain et l'inhumain, le privant ainsi de toute l'humanité que sa condition aurait dû susciter chez ses frères…humains. Et c'est à la mémoire de cette tragédie du Géant Édouard que le fameux groupe musical québécois *Beau Dommage* a composé l'une de ses plus belles chansons durant les années 70 : *Le Géant Beaupré*.

Du reste, sa légende survit toujours. Le Géant Beaupré est toujours considéré comme l'homme le plus grand de tous les temps.

Le pont de Québec

Blasphèmes et malédictions! Érigé au début du siècle dernier, le pont de Québec possède une histoire riche. Les catastrophes qui se sont produites ont alimenté l'imaginaire québécois au point où plusieurs légendes ont vu le jour depuis ce temps. Comme dans la plupart des contes que notre pays ait portés au cours des quatre derniers siècles, le clergé et le Diable occupent souvent le premier rôle. Vous les verrez dans cette légende, les artisans qui ont participé à la construction du pont auraient peut-être dû écouter le curé et… repousser les avances du Diable!

L'histoire du pont de Québec débute dès l'an 1900, mais ce n'est qu'en 1919 qu'on inaugura cette construction gigantesque et unique. On dira bien ce qu'on voudra, mais quand on prend dix-neuf ans pour bâtir un pont, quelque chose ne tourne pas rond. C'est pourtant bien ce qui se produisit. Selon plusieurs sources, il s'agit d'un pont maudit!

Admettons tout de même que pareille entreprise demandait pas mal de génie à cette époque. D'autant que les moyens n'étaient pas les mêmes qu'aujourd'hui, on l'imagine bien, et ce, même si la main d'œuvre essentiellement autochtone était la meilleure du pays. Étrangement, les Amérindiens ne souffraient pas du mal des hauteurs. Quoi qu'il en soit, deux personnes se distinguèrent du lot par leur courage et leur détermination. Il s'agissait de Billy Diamond et de Georges Erasmus. Du cœur au ventre! Ces deux jeunes gens accomplirent le travail de dix hommes à eux seuls. Plus futé que les autres, Diamond fit part de son inquiétude quant à la structure du pont qu'il jugeait fragile. Il en parla au contremaître qui fit la sourde oreille au lieu d'en glisser un mot à l'ingénieur en chef.

Bien que les Amérindiens étaient davantage portés vers l'anglais pour des raisons historiques, ils s'appropriaient néanmoins très aisément les blasphèmes et les jurons que les autres travailleurs canadiens français osaient crier à tue-tête. Tout l'outillage clérical y passait, ce qui en disait long au sujet du vocabulaire des ouvriers et de leur dévotion pour l'Église... Mais, le curé Bonsecours de la paroisse de Sillery, aumônier des travailleurs à l'époque, avait l'oreille fine. Il portait attention à toutes les conversations qui lui passaient sous le nez. Un beau jour, le curé vint s'asseoir avec la compagnie pendant la pause-repas et prit la parole :

— Je préfère vous le dire, mes amis, si vous continuez à blasphémer de la sorte, jamais le pont ne se construira, déclara le curé avec beaucoup d'assurance.

— Comment faites-vous pour savoir ça ? répondit Diamond en fanfaron.

— Sachez que les murs ont des oreilles et que Dieu est partout, répliqua le curé.

— Des murs ? Où ça ? demanda Erasmus.

— Dans le *Far West* ! répondit le curé.

Visiblement irrité par la question de l'Amérindien, le bouillon monta dans la gorge du curé. En plein après-midi, sous un Soleil ardent, son front luisait de sueur et ses yeux étaient de braise.. Il se leva d'un coup sec et quitta les lieux. Pendant ce temps, Diamond et Erasmus esquissaient un sourire baveux, l'un d'eux levant une fesse pour mieux péter.

Ce n'était évidemment rien pour empêcher les hommes de sacrer à volonté. Du reste, le curé venait faire sa tournée de temps en temps, leur répétant la même chanson : « Si vous ne cessez pas de blasphémer, vous pouvez tout de suite oublier l'inauguration de ce pont. » Mais les ouvriers s'en moquaient et continuaient d'invoquer tous les objets de culte du Vatican au grand complet.

Le matin du 29 août 1907, un ingénieur, membre d'une équipe d'inspection de la structure du pont, fit parvenir un télégramme au contremaître. Dans sa lettre, il indiquait que les travaux devaient cesser pour assurer la sécurité des travailleurs. Selon lui, ils devaient voir à renforcer les assises qui menaçaient de céder à tout instant.

Ne mettez pas de charge additionnelle sur le pont de Québec pour le moment. Vous feriez mieux de faire un examen minutieux immédiatement.

Le télégramme arriva quelques minutes trop tard.

Un monteur du nom de Beauvais se trouvait sur la structure du pont, juché à une dizaine de mètres dans les airs. Son travail? Poser des rivets. Le boulot allait bon train cette journée-là, mais vers la fin de l'après-midi, le travailleur nota une anomalie à l'une des pièces qu'il venait tout juste de fixer au pont. Il nota que l'un des rivets s'était pour ainsi dire cassé. Et juste au moment où il voulut avertir le contremaître de cet incident, le désastre se produisit.

Soixante-quinze ouvriers périrent après l'écroulement de la structure du pont dans les eaux tumultueuses du fleuve Saint-Laurent. Une partie importante de la construction s'était effondrée alors que plusieurs avaient pressenti le désastre. En tout, quatre-vingt-six travailleurs se trouvaient sur le pont au moment où la structure a cédé. Partout dans les environs, on entendit un vacarme terrifiant quand le métal se mit à tordre. Même à plus de dix kilomètres à la ronde, on croyait au tremblement de terre. Dans la cohue, Beauvais n'eut même pas le temps pour un signe de croix ou une petite prière ; il sentit les poutres tomber dans le vide, sous ses pieds… Sa chute ne fut pourtant pas fatale, heureusement pour lui, et il parvint à se dégager des débris métalliques. Il s'en sortit avec une fracture et quelques égratignures. Aussi ce fut probablement le fruit d'un miracle si le mécanicien Rodrigue survécut à la dégringolade de sa locomotive qui sombra dans le fleuve. Un bateau vint à sa rescousse alors qu'il tentait désespérément de garder sa tête hors de l'eau. Sans doute le plus chanceux de tous fut un dénommé Huot. Au moment où il s'apprêtait à sonner la fin du quart de travail, il sentit le tablier du pont glisser sous ses pieds. Il eut le temps de s'enfuir à toutes jambes et de regagner la terre ferme au moment où il entendit les poutres se tordre derrière lui.

Hélas, les chanceux furent moins nombreux que les autres. Soixante-quinze travailleurs sur un total de quatre-vingt-six périrent. Pour certains, ce fut le poids de l'acier qui les écrasa, pour les autres, ce fut la chute vertigineuse, voire fatale dans le fleuve glacé. Quelques-uns, encore vivants après la chute dans le Saint-Laurent, se noyèrent devant le regard impuissant de ceux sur la terre ferme. Aujourd'hui encore, on retrouve, en mémoire de cet événement tragique, au cimetière de Saint-Romuald, des épitaphes composées de pièces de métal récupérées des décombres de la structure en partie engloutie et dont quelques poutres purent être récupérées.

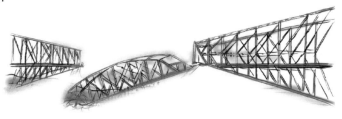

Dans les jours qui suivirent la catastrophe, le reste de l'équipe devint soudainement plus superstitieux, se souvenant bien sûr des propos du curé. Aussi, le contremaître décida de suivre les recommandations du curé lors de la reprise des travaux. L'interdiction totale de blasphémer pendant l'édification du pont fut émise. Quiconque contrevenait au règlement était automatiquement renvoyé.

Le plus candide des lecteurs se demandera certainement pourquoi on décida de poursuivre les travaux de ce pont maudit. Souvenons-nous qu'à l'époque, la ville de Québec avait besoin de ce pont métallique pour son développement économique. Et l'arrivée du chemin de fer à Québec, au cours du 19e siècle, motiva la création d'une compagnie qui avait pour mandat d'édifier un pont.

Une telle catastrophe ébranla la communauté locale, de même que les ingénieurs et les travailleurs spécialistes qui en entendirent parler. Le site devint un lieu de pèlerinage pour ces personnes qui furent touchées de près par le triste événement. Il fallait maintenant tout dégager afin de permettre aux ouvriers de reprendre les travaux. Ce n'est que quelques années plus tard qu'on forma une deuxième équipe composée d'ingénieurs, de monteurs et d'ouvriers spécialisés. Bien entendu, on changea les plans et plusieurs modifications furent apportées pour éviter qu'une deuxième catastrophe ne se produise. Par exemple, on s'assura que le calcul des charges soit exempt d'erreurs. Lorsque le gouvernement du Canada reprit le projet en main, on prit soin d'éviter toute erreur de calcul ou d'estimation. Aussi, on opta pour un autre type d'acier et pour une construction plus robuste.

Malgré toutes les bonnes intentions des nouveaux instigateurs du projet, le malheur frappa de nouveau. Un 11 septembre, mais en 1916 celui-là, soit un peu plus de neuf ans après la tragédie qui coûta la vie à soixante-quinze travailleurs, une autre partie du pont sombra dans le fleuve. Cette fois, ce fut la travée centrale qu'on s'affairait à installer selon les règles de l'art. Du coup, les noms de treize autres travailleurs s'ajoutèrent à la liste des personnes qui périrent durant la construction de ce pont maudit.

Après seize années de travaux, de tragédies, de blasphèmes et de malédictions, le contremaître se retrouvait le bec à l'eau, sans vouloir faire de mauvais jeux de mots. Les dirigeants des travaux devinrent inéluctablement anxieux, car ils craignaient une nouvelle commission royale d'enquête. Mais, à la fois, ils étaient si près du but. Dans la cohue qui suivit la deuxième catastrophe, on congédia les ingénieurs qu'on jugea fort négligents concernant la sécurité des artisans.

Toutefois, les hommes du chantier ne désespéraient pas. Même si tous avaient la mine basse et le regard timoré, il fallait terminer la construction de ce pont, une aventure qui n'en finissait plus. Mais pour arriver à la fin des travaux, on se devait d'embaucher des ingénieurs. Alors que le contre-maître se mettait à la recherche de spécialistes qui étaient une denrée rare à l'époque, un homme se présenta au chantier.

— Vous êtes le contremaître ? lui demanda l'inconnu.

— Oui, c'est exact, lui répondit-il d'un air surpris.

— Je suis ingénieur, voulez-vous m'embaucher ? demanda l'homme avant d'ajouter :

« Je vais vous le construire votre pont ! Je vous assure qu'il n'y aura plus de catastrophe. En revanche, la première personne qui traversera la structure devra me vendre son âme ! »

Le contremaître ne porta pas attention à la dernière phrase que cet homme aux allures bizarres venait de lui dire. Étonnamment, il ne lui posa pas davantage de questions, tout hypnotisé qu'il était soudain, et il confia le travail à cette personne pourtant inconnue.

La structure du pont fut achevée en 1917. Mais l'inauguration officielle de la construction eut lieu seulement deux ans plus tard, soit en 1919. Pour l'occasion, le prince de Galles se déplaça ainsi que plusieurs personnalités politiques du Québec. Bien entendu, tous les travailleurs du pont furent invités à la cérémonie, dont le mystérieux ingénieur qui avait donc tenu promesse. C'est alors que s'approcha de lui le contremaître tenant à le remercier pour son bon travail. Mais le contremaître vit, dans ses yeux vitreux, une malice indicible. Pour tout dire, l'homme avait l'air du Diable en personne. Un peu plus et de la fumée lui sortait par les oreilles. En voyant cela, le contremaître tourna les talons tout en se remémorant le jour de leur première rencontre. Les paroles de l'homme lui revinrent nettement à l'esprit : « En revanche, la première personne qui traversera la structure devra me vendre son âme… » Noyé dans ce souvenir dont il comprenait enfin le sens, mais trop tard, le contremaître fut soudain transi d'effroi. Et alors qu'on s'apprêtait à enjamber la travée, le contremaître aperçut un chat noir qui rôdait aux alentours. Sans même y penser, il le saisit d'une main et le lança sur le Diable et les deux disparurent en même temps, comme par magie. Néanmoins, on retrouva, juste un peu plus loin, une poignée de poils ensanglantés… L'achèvement de la construction du pont de Québec serait-elle l'œuvre du Diable ?

Le rocher de Cap-Chat

Cet été-là fut sec. En six mois, on ne vit pas la moindre goutte d'eau tomber du ciel béni. Tellement sec que le pays devint « crevasseux ». Les anfractuosités parcouraient le sol jusqu'à la mer. Les herbes assoiffées poussaient timidement pour tenter de protéger leurs racines. Aussi, l'eau du puits se faisait rare ; les nappes phréatiques se vidaient et les lacs et les rivières s'asséchaient. Les animaux mouraient de faim et de soif ; les récoltes étaient ruinées et il n'y avait donc plus rien pour les nourrir.

L'ennui, c'est que l'hiver précédent fut un des pires en cent ans. En Gaspésie, au XVIIe siècle, il y avait deux fois plus de neige qu'aujourd'hui, mais cette année-là, avant de connaître un été de canicules et de sécheresse, les habitants de cette contrée connurent aussi un hiver froid, rigoureux et neigeux. Les congères recouvraient les terres et les bourgs jusqu'au toit des maisons. À Cap-Chat, on engagea plusieurs infortunés pour chasser la neige du parvis de l'église, qui n'en finissait plus de s'accumuler. Même qu'on ne voyait plus que la cheminée dépasser au-dessus.

Les enfants crevaient de faim, les bêtes aussi. Ils avaient tellement faim qu'ils se digéraient les parois de l'estomac. On entendait de loin les bruits de leurs entrailles… Or il y avait, dans cette lointaine contrée, un énorme chat sauvage qui rôdait non loin du village. Près de ce village, les montagnes abritaient de nombreuses grottes et l'une d'entre elles servait de refuge à l'animal en question. Jamais les villageois n'avaient aperçu ce monstre de chat avant l'avènement de la sécheresse. Mais il semble que cette année-là, ce dernier fit plusieurs victimes, même parmi les humains. Quel redoutable chasseur !

Il rôdait autour des cabanes et attendait tranquillement sa proie. Un enfant, un adulte, un homme, qu'importe! De la viande fraîche! Le seigneur, voyant tous ces infortunés qui crevaient de faim et qui, ironiquement, se faisaient bouffer par l'animal, lança un concours aux braves hommes : celui qui réussirait à capturer la bête, morte ou vive, obtiendrait un lopin de terre en échange. Quelques cyniques se dirent alors : «À quoi bon?! Ce ne sont que des champs bourrés de cailloux et, en plus, nous sommes accablés par cette sécheresse!» Mais enfin, il fallait tout de même faire quelque chose pour que cesse ce carnage.

Reste que pour de meilleurs jours, l'offre du seigneur s'avérait fort intéressante. Un courageux fermier fut le premier à sortir de l'ombre pour aller affronter l'animal affamé. Du haut de sa monture, il se dirigea vers la grotte lugubre. S'y rendre aux aurores lui donnait l'avantage de la surprise. Pour le reste, le brave homme s'engagea dans cette aventure avec une arme blanche, et c'est tout. Il connaissait précisément l'endroit où se cachait le chat sauvage, soit dans un trou creusé à même la montagne. L'homme prit bien soin d'attacher son cheval, sans faire de bruit. Il gravit la petite colline qui menait à la grotte, mais manqua le pied et glissa sur un genou tout juste au point culminant. À peine eut-il le temps de relever la tête que le félin lui bondit dessus. Le combat fut sanglant. Mais l'animal infligea des blessures mortelles à son adversaire, sans même que ce dernier tente la moindre lacération à l'aide de son poignard. Les pattes avant du chat faisaient facilement trois bras d'homme en diamètre. Ses griffes, dures comme le roc, atteignaient une longueur de dix centimètres et pouvaient trancher le bassin d'un hérisson en deux. Le pauvre bougre y laissa sa peau. La bête, féroce tel un carcajou puant, enfonça ses lames de rasoir dans la poitrine du fermier et lui déchira le torse comme une feuille de papier. Le corps gisait devant la grotte, thorax à ciel ouvert, ce qui servit de repas pour le chat sauvage qui était friand de viande fraîche. Repu, il resta bien tranquille dans son trou durant quelques jours, jusqu'à ce que la chasse sanglante menaçât de nouveau les habitants de la seigneurie.

Mais la bravoure ne tenait pas dans l'âme d'un seul homme. Un deuxième fermier se porta volontaire pour affronter le féroce animal. Mais celui-là, encore moins prudent que le premier, se pointa devant la grotte sans arme, pas même un vulgaire bâton pour tenter le truc de l'assommoir. Le téméraire s'introduisit alors dans l'abri du chat sauvage qui lui servit un crochet dévastateur avec sa patte avant droite. Le pauvre ne mourut pas sur le coup et, bien sûr, la bête n'alla tout de même pas le laisser en reste. Vif comme l'éclair, le chat bondit sur lui et enfonça ses crocs dans un bras avec sa puissante mâchoire. Puis, en guise de coup fatal, le chat carnivore trancha la carotide du fermier à l'aide de ses griffes. Le sang giclait et le pauvre mourut au bout de son sang. La bête s'était donc offert un deuxième repas sans trop d'efforts, puisque l'on prenait la peine de venir jusqu'à elle.

Il n'en fallait pas plus pour répandre un vent de terreur et de superstition dans le village. L'animal était devenu un symbole de tyrannie et de suprématie. Il régnait en maître dans la région et, désormais, nul n'osait le défier. Comme le chat se déplaçait surtout la nuit, le seigneur avait imposé un couvre-feu à tous les habitants de son fief. On aperçut le chat sauvage à quelques reprises, rôdant aux abords du village, à la recherche de quelque proie facile. Ce n'était pas un chat comme les autres : d'allure terrifiante, de race inédite, il s'agissait probablement d'un mâle qui vivait en solitaire, et était-il sans doute le dernier de sa race parce qu'il semblait un proche descendant du chat sauvage Martelli. Environ trois ou quatre fois la grosseur d'un chat commun, il était surtout trapu et robuste. Ses pattes, assez courtes, le propulsaient avec élégance et puissance. Sa robe grisâtre le rendait assez peu visible le soir venu. Il possédait des oreilles bien droites et pointues. Mais il avait surtout deux crocs qui lui sortaient de la gueule et qui lui servaient d'armes à déchiqueter. Ce « chat maudit » n'avait donc rien à voir avec le chat domestique commun qui peuple nos demeures.

Durant les premiers mois d'automne, la famine et la misère s'accentuaient. Depuis quelques semaines, on ne voyait plus la bête aux alentours du village. Comme la prudence était de mise, nul ne s'aventurait aux abords de la montagne et tous demeuraient chez soi, bien à l'abri après le couvre-feu. Le chat sauvage avait-il levé le camp ? Avait-il déserté les environs pour partir à la recherche de nourriture ? Chose certaine, personne ne voulait grimper jusqu'à la grotte pour s'instruire de la présence de l'animal.

Un beau matin, un enfant aperçut le féroce chat sauvage sur la grève, à la recherche de quelque poisson égaré. Plus rien à se mettre sous la dent, il était affamé. L'enfant courut vite au village pour lancer l'alerte. On craignait maintenant la présence du félin près de la mer, endroit qu'il ne fréquentait jamais d'ordinaire, les chats ne raffolant pas beaucoup de l'eau. Le féroce animal passa quelques heures à surveiller les vagues qui ne rapportaient malheureusement que des algues. Définitivement ennuyé par cette infructueuse tentative de trouver de la nourriture, il rebroussa chemin en direction du village et de la montagne quand, tout à coup, il aperçut une anfractuosité peu profonde à l'intérieur de laquelle sommeillaient de petits animaux. Rusé, le chat attendit patiemment ses proies en feignant de dormir. Lorsqu'un des petits sortit candidement de son trou pour observer le gros chat semblant profondément endormi au pied de l'abri, son heure sonna. L'attaque dura une fraction de seconde et fut définitive. Le prédateur n'avait qu'à attendre que chacun sorte à son tour pour profiter d'une autre livraison de repas. Ainsi, trois autres petits tombèrent dans le piège du chat sauvage qui décida de revenir au bercail, complètement repu.

Sur le chemin du retour, le dangereux animal fut pris par surprise : un autre chat l'attendait de pied ferme et lui barra la route. Eh oui ! Il s'agissait de la Fée-Chat. Sans trop porter attention à ses proies, le prédateur avait décimé sa famille et elle était bien décidée à lui en faire payer le prix. Nul ne pouvait agir de la sorte impunément. Sur le point d'engager le combat, les deux félins s'observèrent quelques secondes. La Fée-Chat, de bien plus petite taille que son adversaire, avait malgré tout un avantage sérieux. Elle poussa un miaulement si strident qu'il fut entendu dans tout le village, et elle se dressa le dos et de son regard hypnotisant jeta un mauvais sort au chat sauvage. Ce dernier se retrouva emprisonné à jamais dans le roc du flanc de la montagne, pétrifié jusqu'à la fin des temps.

À l'époque, on ne connaissait certainement pas le proverbe irlandais qui raconte que, si on tue un chat, même accidentellement, dix-sept ans de malchance s'abattent sur nous comme la misère sur le pauvre monde. On tenta alors d'anéantir la menace en se débarrassant de l'animal, mais sans succès. Mais, heureusement, la Fée-Chat s'en mêla afin que les habitants de Cap-Chat vivent enfin paisiblement. La croyance populaire veut que l'origine du nom de la municipalité vienne de ce rocher ressemblant à un chat assis. Paraît-il qu'on voulut nommer le village Cap-Catus, *catus* signifiant «chat» en latin. Toutefois, l'hypothèse la plus plausible concernant le nom de la municipalité serait la déformation du nom d'Aymar de Chaste, lieutenant général lors d'expéditions de la Nouvelle-France et bailleur de fonds de Champlain. Ce dernier aurait visité les lieux en 1691. Le rocher Cap-Chat est à voir, mais c'est surtout une histoire à raconter.

Le rocher Panet

Devant la splendeur des montagnes de Charlevoix, sur la grève du côté sud du Saint-Laurent, on retrouve des plages marécageuses aux herbes plus ou moins longues. Par temps clair, resplendissent les Laurentides sur la Rive-Nord du fleuve et leurs hautes collines bleutées. Devant L'Islet, petit village du Bas-Saint-Laurent, non loin de Montmagny, se dresse timidement le rocher Panet.

L'Islet est un endroit béni des dieux, mais on s'y ennuie rapidement si on ne sait pas y capter la rumeur du vent, y sentir l'arôme de l'océan et y compter les étoiles de mer et du ciel… En effet, il s'agit d'un vieux village paisible où, pourtant, l'on cherche le moindre prétexte pour s'engager dans une querelle qui, à défaut de n'avoir aucun intérêt pour personne, aurait au moins l'avantage de faire passer le temps ; ce temps qui, dans ce pays marin du Bas-Saint-Laurent, « suspend son vol » devant la majesté du paysage montagneux de la rive nord et la beauté de ses couchers de soleil. C'est dire comment le temps pouvait parfois paraître éternel, voire interminable, même pour ces habitants de L'Islet qui appréciaient plus que tout admirer la nature de tous les instants.

La haute marée et le temps brumeux peuvent cacher le petit îlot surmonté de sa croix. Car le rocher n'est rien en lui-même, sinon le point culminant d'une petite île anodine où se rassemblent quelques goélands qui se permettent de fienter à volonté sur le site d'une impitoyable bataille qui y eut lieu, jadis ; les gens de l'Islet peuvent vous en parler longuement. Ces villageois connaissent tous par cœur l'histoire du rocher Panet. Et c'est bien la seule chose que l'on puisse raconter au sujet de cette petite bute enfouie dans la vase, quand elle n'est pas totalement recouverte par l'eau savonneuse. Rien à voir avec le *Cape Horn* où les flibustiers du *Farouest* mettaient le cap sans trop se douter qu'ils y laisseraient tous leur peau. Toutefois, on ne sait trop pourquoi, mais les gens de l'Islet, surtout les vieilles gens, sont friands de légendes. Ça tombe bien, je vous en raconte une!

Comme dirait le frère Marie-Victorin, la légende du rocher Panet raconte l'histoire d'une jeune femme «misérable dont la légende a étouffé le nom et la honte». Une belle du village, appelons-la Joséphine, osa vendre son âme immortelle en échange de quelques «déshonorantes» passions. Mais vous savez comme moi, le démon se montre toujours plus exigeant qu'il ne le laisse croire. Faut bien le dire, le corps de la jeune fille l'inspirait grandement. Ainsi, le Diable voulut-il saisir, voire posséder, la chair de sa pauvresse qui était prête à tout, semblait-il, pour obtenir satisfaction de ses bas instincts. Usant de sa puissance surnaturelle, le démon projeta Joséphine affalée sur le rocher. Aussitôt qu'il eut touché de ses griffes la «flore entourant l'oasis maritime», la mort se répandit comme la peste parmi les vivants et les flots. Le rocher parut triste dès cet instant, cet instant même où Satan exécuta ses basses œuvres funestes. Les herbes se desséchèrent, les poissons périrent, et l'eau, autrefois émeraude scintillante, devint verdâtre, brunâtre, visqueuse et stagnante.

Les *Islettains* avaient assisté, impuissants, à la scène d'horreur. Pas tous, bien entendu, mais quelques-uns perçurent le Diable et sa silhouette hideuse. D'autres entendirent des cris horribles retentirent du rocher, dont l'écho hanta longtemps la contrée. Le martyr dura ainsi quelques semaines, tandis que les villageois ne savaient plus comment éviter du regard le rocher et son maléfice. C'est qu'elle était toujours là, cette Joséphine, non pas morte mais plutôt furieusement «possédée» par le Diable, les cheveux en broussaille, les bras noircis flottant sur l'eau, les yeux exorbitants et le teint vert. La pauvre tentait de fuir son état misérable en se précipitant au milieu du fleuve, mais les vagues la ramenaient sans cesse au rivage de son destin. De cette grève, on entendait les cris de cette misérable fille se débattant avec tout son désespoir dans l'eau. Les habitants de l'Islet ne savaient plus à quel saint se vouer pour faire arrêter cette torture, tant tous ces cris les horrifiaient. À l'Islet, on ne parlait que de la possédée et du sort épouvantable que lui avait réservé le Diable et les mères défendaient à leurs enfants de gambader sur la grève. Dans ce tragique tumulte, le saint homme du village, monsieur le curé, tentait d'ignorer cette infamie, mais les paroissiens ne manquaient pas de la lui rappeler. Il espérait de tout cœur, en son for intérieur, que cet odieux châtiment serve de leçon et qu'il inspire la haine du vice et des passions qui mènent irrémissiblement aux bas instincts de l'humain.

Mais les habitants du village vécurent ce cauchemar jusqu'au bout de l'imaginable. Ils se désolaient irrémédiablement à l'église, après la messe, surtout au confessionnal. Ils conjuraient le ciel de les délivrer de cet enfer persistant qu'ils ne méritaient pas. Ce calvaire dura des semaines. Un beau soir, le maire du village en eut assez. Il rassembla une poignée de fidèles qui l'accompagnèrent au presbytère. Le curé était seul dans sa grande maison avec sa «bonne», une religieuse, qui avait déjà regagné ses appartements pour faire ses prières. On cogna très fort à sa porte. Le saint homme ouvrit et sursauta lorsqu'il aperçut ce groupe de gens déterminés devant la maison et s'adressa d'emblée à monsieur le maire.

— Que se passe-t-il donc, mon ami? demanda le curé.

— Mon Père, nous sommes ici tous réunis pour vous conjurer de mettre fin à ce supplice qui dure depuis déjà trop longtemps. Nous vous en prions, mon Père, abjurez le Diable de laisser sa victime en paix et de retourner à ses enfers.

— Nous en avons assez, ajouta le forgeron. Les enfants ne sortent plus, les femmes sont terrifiées, mon Père.

À ces mots, le curé avala sa salive et pâlit subitement. On eût dit qu'il fut soudainement frappé par la foudre de la terreur. Il recula de deux pas en silence, fit son signe de croix et partit s'habiller. Tous attendaient, impatients, le retour du saint homme. Ce dernier revint majestueusement vêtu de sa plus belle chasuble et dit: «Je vais enfin nous délivrer de Satan, mes enfants. Mais pour aider Dieu à combattre le mal, je vous invite à prier. Priez sans cesse, encore et toujours, accrochez-vous à votre foi et priez devant l'Éternel, mes enfants.» Pendant un instant, le vieil homme ferma les paupières et joignit ses deux mains pour réciter quelques prières. Et soudain, il ouvrit grand les yeux qui s'emplirent de larmes et il regarda au ciel. Le curé sortit alors de la maison comme une flèche, plus déterminé que jamais à exorciser la pauvre fille du rocher. Il marcha d'un pas décidé jusqu'à la grève, à tel point qu'on eut du mal à le suivre derrière. En pleine noirceur, il osa défier les eaux houleuses du fleuve, seul dans sa barque, à ramer comme un esclave. Sur la rive, on assistait à la scène apeuré, pantois, s'abandonnant complètement à la foi et au courage du saint homme. Tous regardaient au ciel, à genoux sur le sable, et priaient de toutes leurs forces pour que le curé s'en sorte indemne et victorieux.

Quand le prêtre s'approcha du rocher, la possédée se mit à hurler, le corps torsadé sur le roc, injuriant le curé et lui ordonnant de partir au plus vite. Mais le saint homme ne recula point. Il accosta et descendit de la barque pieds nus et grimpa sur le rocher humide. Le spectacle qu'il aperçut aurait effrayé le plus ignoble des barbares. En pleine crise de possession, la jeune femme se mit à blasphémer, à se contorsionner, hallucinée d'une rage presque inhumaine. Sa main crispée agrippait ses cheveux. Le souffle court, elle s'exprimait dans une langue inconnue, du moins incompréhensible, mais le prêtre ne parut aucunement déstabilisé. Quel homme courageux! Aucun doute ne subsistait dans son esprit, la jeune femme était bel et bien possédée. Il débuta alors son exorcisme en récitant le psaume LIV et ces quelques mots en latin:

Quis dabit mihi pennas sicut columbae
Ab imo pectore
Acta est fabula
Beati pauperes spiritu
Dignus est intrare
Gloria victis
Ira furor brevis est
Ita diis placuit!
Mens sana in corpore sano
Vade retro

Ainsi, une lutte sans merci s'engageait entre le représentant de Dieu et Satan incarné. Pendant que la peur et l'angoisse régnaient sur la berge, le saint homme poursuivait sa croisade. Il prononça une fois de plus, mais avec encore plus de conviction, les paroles pour exorciser le démon de la

jeune femme. Devant la force de la sainte formule, le Diable n'eut d'autre choix que de s'incliner devant la Lumière et de se soumettre aux exaucements du prêtre. Mais ce dernier se retourna aussitôt vers ses fidèles et observateurs de la scène, convaincu que l'exorcisme de la jeune Joséphine était consommée. Or le corps de la possédée se mit à trembler de manière effroyable ; elle se leva d'un coup sec derrière le curé qui, retourné, ne vit point la scène. Le Démon résistait encore à l'exorcisme par des cris et des hurlements qui se firent entendre sur la grève et jusqu'au village. Puis, on se remit aussitôt à prier devant l'insupportable. «Ô Dieu ! Ayez pitié de nous, Seigneur ! Venez à notre aide, vous qui avez délivré Madeleine des sept démons qui tenaient captive son âme ! Écoutez notre complainte, Ô Christ du ciel ! »

Le prêtre se retourna et aperçut le corps de la jeune fille complètement meurtri, le visage hideux, d'une expression haineuse, debout et prêt à bondir sur lui. Elle se mit à vomir du plus profond de ses entrailles un liquide visqueux et nauséabond. Puis, elle retomba sur la pierre et se mit à se frapper la tête sans retenue. Soudainement, on entendit le tonnerre gronder et les éclairs déchirer le ciel sombre comme des couteaux de Lumière..

La pluie se mit à tomber comme si la colère de Dieu pleurait la souffrance de la jeune femme. Le prêtre, transfiguré par l'espoir récompensé, sentit, sur sa nuque, la rassurante main du Christ le réconforter dans son épreuve. Il prononça alors ses vœux à Dieu le Père : « Seigneur, chassez cet être infâme du corps de cette jeune fille à qui vous devez miséricorde. Remplacez son cœur de pierre par un cœur d'argile qui vibre à ta Parole. Redonnez-lui la foi qui nous habite et les saintes larmes qui donnent le pardon. »

Soudain, la pluie cessa et le corps de la jeune fille fut projeté aux pieds du prêtre. Elle était inanimée. Le prêtre s'agenouilla devant elle. Était-elle morte ? Non. Elle entrouvrit les paupières et se mit à murmurer des prières. Elle regardait le curé avec amour et respect, tout en lui faisant les aveux de son repentir. Elle se releva et prit les mains de celui qui l'avait délivrée du mal. Le prêtre n'osa dire mot tant son âme était émue. Les yeux, le regard disaient tout. Là-bas, sur la berge, on avait cessé de prier. Les larmes coulaient à flots, de longs soupirs de soulagement jaillissaient de toutes les poitrines. Puis, celle qui était devenue une bête féroce prise au piège sur le rocher retrouva toute sa douceur et son affabilité et suivit le saint homme jusqu'à son embarcation. Les deux marchèrent pieds nus sur le roc et se dirigèrent paisiblement vers la rive où les attendaient les fidèles qui pleuraient de joie la conversion du Mal en Bien.

L'Islet reprit peu à peu sa vie bucolique rythmée par la foi. Les villageois restèrent marqués par ce drame, et se montraient reconnaissants envers le prêtre héroïque qui écarta Satan de leur vie paisible. C'est ainsi en l'honneur et à la mémoire du curé Panet, un saint homme qui n'écouta que son courage et sa foi, que les habitants de l'Islet baptisèrent de son nom le désormais célèbre rocher, *le rocher Panet*.

Le rocher Percé

Le rocher Percé! Avez-vous déjà emprunté la fameuse Côte Surprise, aux abords de la ville Percé? Se dresse alors devant nous, la véritable 8ᵉ merveille du Monde: un immense bloc de roc qui se dresse, fier et robuste, dans les eaux glaciales et agitées du golfe du Saint-Laurent, et percé d'un immense trou béant, tel un œil qui mire l'océan à perte de vue. Saviez-vous que ce joyau du Québec nourrit encore l'imaginaire de notre peuple? En effet, l'histoire de la belle Blanche de Beaumont et de son fiancé, le Chevalier Raymond de Nérac, est née au temps de la colonisation. Il faut donc remonter au temps où la France était gouvernée par le roi Soleil, sous l'Ancien Régime. Mais cette histoire est encore et toujours racontée dans les veillées du jour de l'An.

L'histoire prend place en Normandie. Le mariage de Blanche de Beaumont avec le Chevalier Raymond de Nérac était prévu pour la fin de l'été, tandis que les deux prétendants ne s'étaient pas même encore rencontrés. Mais une rencontre eut tout de même lieu quelques semaines avant la date prévue pour l'union, et cette rencontre fut heureuse. En effet, le jour de son seizième anniversaire, Blanche tomba éperdument amoureuse du chevalier, ce qui, du coup, rendait ce mariage non plus «obligé», comme le dictait l'aristocratie de leur rang, mais, au contraire, oh combien désiré par la prétendante. Bien que Nérac, quant à lui, ne se fit certes pas prier pour «désirer» sa fiancée, tant elle était belle et gracieuse! «Enfin, se dit-il, je peux être aimé comme je souhaite aimer une jeune fille de naissance égale à la mienne.»

Mais, peu avant le mariage, le malheur frappa de plein fouet les jeunes amoureux. Le roi somma Nérac de quitter immédiatement la France avec son régiment pour aller combattre l'ennemi en Amérique. En Nouvelle-France, les combats faisaient rage. Les Iroquois tentaient de résister à l'envahisseur qui souhaitait tant bien que mal coloniser cette terre promise. Mais l'espoir d'un retour prochain conféra quelque force à notre chevalier qui accepta d'entreprendre le périple avec la conviction d'en revenir vivant. Malgré le déchirement des derniers instants, le deux amoureux se résignèrent à se séparer le temps de cette guerre, en songeant au retour triomphal de Nérac en Normandie après la victoire.

Nérac s'engagea donc dans une lutte à finir au Nouveau Monde. Une fois arrivé au Canada, il trouva l'hiver fort rude. Le chevalier et son régiment affrontèrent le climat rigoureux du pays, soit la neige, le vent et le froid. Dans une cabane de fortune mal chauffée, il passait les longues soirées d'hiver sans sa belle Blanche qui lui manquait terriblement. De son côté, la demoiselle de Beaumont se morfondait dans son grand château de Normandie. Elle trouva l'hiver fort long à des milliers de lieues de son chevalier. Mais au printemps, elle décida qu'elle en avait assez de mijoter dans l'attente de son fiancé. Mais l'amour, une fois cristallisée, est plus fort que tout. Après de nombreux débats houleux sur la question, il fût décidé que Blanche accompagnât un équipage sur un vaisseau qui se dirigeait vers le Canada sur ordre du roi. Bien sûr, on se doute bien que le comte et la comtesse de Beaumont s'opposèrent farouchement à cette idée qu'ils jugèrent pour le moins farfelue. Ainsi, les amis et surtout les parents de la demoiselle de Beaumont versèrent quelques larmes lors de son départ. Mais elle retint ses pleurs et agita sa main toute frêle en souhaitant que tout se passe pour le mieux lors de la traversée. Nérac eut vent que sa bien-aimée allait le rejoindre en Nouvelle-France, pour enfin célébrer leur mariage et vivre à ses côtés. En mer, une bonne partie du voyage se déroula sans heurts. Plusieurs semaines s'écoulèrent et, à bord du navire français, l'on espérait déjà voir apparaître les côtes de la Nouvelle-France. Mais le malheur frappa de nouveau et cette fois les choses allaient mal tourner. Un vaisseau au drapeau macabre se pointa à l'horizon. On comprit alors qu'il s'agissait de pirates ! L'équipage français tenta désespérément de se parer à l'assaut des bandits, mais l'attaque fut si prompte de la part des corsaires qu'elle prit tout le monde de court. On n'eut guère le temps de prévenir le coup : les coups et les canons des pirates ne firent qu'une bouchée des mâts. Le navire devenait incontrôlable. L'abordage fut sans pitié. Les Français n'y virent que du feu et de la fumée. Nos malheureux offrirent quelque résistance, mais ce fut de courte durée. Les pirates, comme l'ouragan qui témoigne de sa force en mer et sur les côtes, usèrent d'une rage phénoménale, voire d'une barbarie inégalée contre l'équipage français. Ayant perdu tout espoir de résister et de faire fuir l'ennemi, ils se battirent avec courage et dignité, préférant mourir au combat plutôt que de mourir prisonniers entre les mains de ces violents barbares.

Notre Blanche se tenait non loin des tumultueux affrontements et secourait les blessés et les mourants, leur prodiguant ses meilleurs soins. Elle n'avait que de bonnes paroles pour ceux qui s'apprêtaient à quitter dignement ce bas monde en défendant le drapeau français, tandis que ces barbares des mers n'avaient pas de morale : ils tuaient et saccageaient sans le moindre remord ou état d'âme. Imaginez la fresque digne d'un des plus tristes tableaux d'Eugène Delacroix : cette noble aristocrate, d'une beauté sans nom, pataugeant dans une marée de sang et contournant les cadavres de ses compatriotes qui jonchaient le sol. En plus d'assister à ces scènes désolantes, Blanche fut témoin de la fin atroce de son oncle, le capitaine du navire : le sabre d'un des flibustiers lui fracassa le crâne. Trop meurtrie pour verser de chaudes larmes, elle pria le Seigneur d'envoyer un ange cueillir son âme et l'emmener directement au paradis. Et impossible de chasser ces images hors de son esprit, le mal était inexorable. L'équipage du vaisseau français fut décimé au grand complet, exceptée notre héroïne que les pirates épargnèrent, s'agissant d'une trop belle prise, se disaient-ils, pour la condamner à une mort atroce.

Si bien que le capitaine voulut la garder pour lui seul, tandis que la détresse de la jeune fille endeuillée ne l'impressionna guère. Ce barbare ne connaissait nullement les mots *compassion* et *empathie*, et encore moins l'humanité qui les commandait. Derrière sa barbe et sa peau balafrée se cachait un homme dur, d'une insensibilité inhumaine. Et vint le moment où il la regarda d'un air défiant et convoiteur :

— Que voulez-vous espèce de monstre ? lui lança Blanche.

— Vous serez ma femme, répondit le capitaine.

— Non ! Je suis fiancée, répliqua Blanche d'un ton autoritaire.

— À qui ? Sacrebleu ! demanda sarcastiquement le capitaine.

— À Raymond de Nérac, chevalier de l'Ordre de Saint-Louis, rétorqua Blanche. Il est capitaine au Régiment de Nouvelle-France. C'est lui que j'épouserai, personne d'autre.

Il fait présentement honneur au roi en livrant combat aux Anglais et aux indigènes.

N'espérant aucune collaboration de la part de sa nouvelle prise, le commandant du vaisseau pirate ordonna à l'équipe de lever les voiles vers Québec où il entrevoyait une excellente occasion de torturer la jeune fille. Aussi, on enferma cette dernière dans une cabine verrouillée, et ce, jusqu'à ce qu'on puisse apercevoir la côte de l'Amérique à l'œil nu.

Quelques jours à peine s'écoulèrent avant qu'une dense forêt ne se pointe à l'horizon. Le capitaine fit monter Blanche sur le pont pour lui montrer ce qui devait être sa nouvelle terre d'accueil, l'endroit où elle espérait tant retrouver son amoureux et l'épouser. «La voici donc, cette Nouvelle-France!» exulta le capitaine. À ces paroles, la jeune fille perdit tout contact avec la réalité. Sans même réciter une dernière prière ou faire un signe de croix, Blanche se précipita par-dessus bord, dans les eaux glacées et agitées du golfe du Saint-Laurent. Une sorte de folie s'était emparée d'elle sans avertir. La pauvre n'eut aucune chance de s'en sortir, malgré les efforts (intéressés) des pirates pour la sortir de l'océan. Ainsi Blanche de Beaumont s'engouffra tragiquement dans les eaux profondes du Nouveau-Monde; les vagues géantes la dérobèrent aux mains de ces bandits qui assistèrent impuissants à la scène.

L'équipage du bateau pirate, fort superstitieux, vit d'un très mauvais œil ce qui venait de se produire. Comme si la malédiction venait de les frapper de plein fouet, le capitaine et ses matelots n'osèrent plus prendre la parole tant ils redoutaient qu'un mauvais sort ne leur fût jeté.

Dans les instants qui suivirent la tragédie, un épais brouillard couvrit les environs, empêchant les pirates de mettre le cap vers toute destination. Se trouvant eux aussi dans une région inconnue, ils dérivèrent jusqu'au lendemain. Le brouillard se dissipant peu à peu, le navire s'approcha du majestueux rocher Percé. Quelle stupéfaction eurent ces pirates qui ignoraient l'endroit où ils se trouvaient précisément. Mais le capitaine, intrigué par la majesté du rocher, ordonna de s'en approcher le plus possible. Les yeux de l'équipage étaient rivés sur le rocher quand, soudain, ils virent apparaître, sur le point culminant, le spectre de Blanche de Beaumont, attifée d'une robe blanche immaculée. Les marins, terrifiés par ce retour du sort, poussèrent en chœur des cris d'horreur. Il s'agissait, pour ces durs à cuire, d'une malédiction certaine, et ils avaient désormais la conviction que le malheur allait s'abattre sur eux. De fait, les foudres du fantôme se manifestèrent d'emblée. Des mains immenses s'abaissèrent en direction du vaisseau et changèrent tout l'équipage et leur vaisseau en une masse rocheuse gigantesque.

Encore aujourd'hui, on peut voir des vestiges de ces rochers le long du Cap des Rosiers. Il reste suffisamment de matière pour remarquer l'endroit où s'abattit la malédiction de Blanche de Beaumont. La masse se désagrégea peu à peu avec le temps ; l'érosion des vagues fit son œuvre.

Pendant ce temps, le chevalier de Nérac souffrait terriblement. La légende ne fait pas mention de l'angoisse et de l'ennui qu'il éprouva durant ces longs mois d'attente. Du moins, devait-il combattre les sauvages et les Anglais pour sauver l'honneur de la France, et ce, dans le chagrin le plus profond que lui inspirait l'absence de son amour. Son désespoir de n'avoir ni nouvelles ni signe de vie de sa bien-aimée fut tel qu'il n'avait plus le cœur à la guerre. Nérac périt quelques semaines après la mort de sa fiancée. Un Iroquois lui transperça le cœur d'une flèche. Ainsi, l'ironie du sort voulut que les deux amoureux purent enfin unir leur destin devant Dieu, mais par la mort...

D'après certains témoins, des apparitions surviennent encore au rocher Percé. Ainsi, par temps brumeux, on peut apercevoir la silhouette de Blanche au-dessus du rocher, regardant au loin, à la recherche de son beau chevalier!

Rose Latulipe

L'histoire de Rose Latulipe est aussi terrifiante que mystérieuse. Même si elle remonte au XVIIIᵉ siècle, le destin tragique de cette jeune fille alimente encore aujourd'hui l'imaginaire collectif au Québec. C'était autour de l'an 1700. Pour ceux qui connaissent le petit village de Cloridorme, en Gaspésie, nul besoin de préciser l'allure de ce trou perdu plus longuement. Mais faisons-le quand même! Entre mer et montagnes, imaginons un petit amoncellement de cabanes hospitalières qui abritaient quelques familles de pêcheurs et de villageois, heureux de vivre et de défricher l'Amérique. À Cloridorme, qui ne s'amusait pas risquait de trouver le temps long. La petite Rose préféra se ranger du côté des ludiques de ce monde. Elle profitait de chaque moment de bonheur qui s'offrait à elle. Plus que tout, elle aimait danser. De plus, Rose avait la peau blanche et un joli visage d'ange. Son corps s'élançait en manière de grand mannequin, dressé sur de longues jambes fines. Elle faisait l'envie de tous les garçons des environs. Son père lui vouait un amour inconditionnel; il aurait tout fait pour elle. Il veillait à satisfaire le moindre de ses besoins afin qu'elle soit heureuse à chaque instant. Aussi, quand vint le temps d'accorder la main de sa fille à un étranger, monsieur Latulipe s'assura que le jeune aspirant réponde à toutes ses exigences, et la liste était longue…

N'en demeure pas moins que ce qui se produisit cette nuit-là, nul n'aurait pu même l'imaginer. Pourtant cette histoire est bien réelle, croyez-moi, bien que la réalité ait largement dépassé la fiction. Pour cette occasion spéciale de Mardi gras, Rose demanda à son père d'organiser un grand bal. Mais monsieur Latulipe se dit à ce moment que, pour cette soirée, les festivités devaient se terminer à une heure raisonnable. « Je veux bien ma fille, répliqua le bonhomme, mais nous devrons fermer la boutique avant minuit sonné. » Rose se dit qu'une courte veillée ferait bien son affaire, en autant que le village au grand complet puisse bien s'amuser. Grand bien leur fasse ! Encore fallait-il respecter la période de carême qui allait débuter.

Dans cette contrée lointaine du Québec, les nuits sont longues. La tradition suggérait aux gens qui travaillaient dur de se laisser aller, de se dégourdir un peu le soir venu. On dansait volontiers sur les airs du violoneux, ou encore on écoutait les légendes, les contes et les autres histoires fantastiques du conteur désigné du coin. Bien entendu, peu de gens savaient lire, mais tous avaient besoin de se divertir !

Pour l'occasion spéciale, monsieur Latulipe invita le fiancé de sa fille. Il s'agissait d'un honnête jeune homme, un peu maladroit, affublé de quelques habitudes avaricieuses, mais un type bien, tout de même, voire un grand sec plein de bonne volonté, mais avec bien peu d'ambition. Toujours est-il que l'aspirant ne se pointa pas seul. Il était accompagné d'une bande de bons vivants, tous des connaissances ou des proches, des gens du village, puisque la nouvelle courait très vite à Cloridorme et nul n'ignorait que le père Latulipe organisait des veillées à l'emporte-pièce. La soirée allait rondement. Les violoneux du village berçaient leur archet et tapaient du pied comme des diables. La broue dans le toupet, ils fredonnaient des mélodies dansantes avec entrain et vigueur, et tous s'en réjouissaient grandement. Et passe par-ci et passe par-là, Rose Latulipe s'en donnait à cœur joie dans la mêlée. Et puis Gabriel, le fiancé de Rose, se cantonnait dans sa timidité, regardant la compagnie s'épivarder comme une andouille. Mais la jeune fille, quant à elle, ne portait pas attention à la solitude de son prétendant: elle dansait jusqu'à perdre pied. Mais ce que vous êtes sur le point de lire, chers amis, me donne le frisson rien que d'y penser. Je vous le raconte tant bien que mal, puisque mon rôle me le suggère, en espérant que vous y trouverez votre…conte! Toujours est-il que, dans la cohue et le tapage, on entendit cogner fort à la porte de la cabane de Latulipe. Le bonhomme s'empressa de quitter la compagnie quelques instants, le temps d'aller ouvrir. Mais qui donc pouvait bien se pointer sans invitation à pareille heure? Car chez les Latulipe, on avait oublié le coup de minuit depuis longtemps déjà. Lorsque s'entrouvrit la porte d'entrée, on vit un étrange personnage tout vêtu de noir apparaître dans la tempête qui faisait rage. Il s'agissait d'un beau jeune homme au regard ténébreux avec de longs vêtements noirs. Latulipe nota un petit quelque chose d'étrange dans ses yeux. On eût dit que quelqu'un d'autre regardait à travers la vitre de ses pupilles.

— Que puis-je pour vous mon bon ami? lui dit Latulipe.

— Pardonnez-moi de m'imposer de la sorte à l'improviste, cher monsieur, mais, comme je m'amenais dans le coin, j'ai entendu chanter et fredonner et j'étais curieux de voir ce qui se passait chez vous. Vous semblez tous avoir beaucoup de plaisir à ce que je vois. Si ce n'est pas trop impoli, puis-je me joindre à vous, mon bon monsieur? J'aimerais bien me divertir aussi.

— Allez donc mon garçon, dégrayez-vous de suite! Profitez de cette soirée en notre compagnie. Je vais demander à quelqu'un d'aller conduire votre monture à la grange.

Le bonhomme lui proposa de se dévêtir et lui servit un verre de Vespetro[1] sur le champ. Pendant ce temps, un grin-

----

1. Se dit d'une boisson alcoolique bien de chez nous qui fait vesser, péter et roter.

galet se chargea du cheval de l'étranger. L'animal dégageait une chaleur effroyable. C'était une puissante bête d'une hauteur démesurée, au poil très noir et luisant. Chacun de ses pas s'enfonçait profondément dans le sol et faisait fondre la neige. Sa respiration donnait la trouille, son regard donnait la trouille, ses coups de queue donnaient la trouille. C'est vous dire ! Certes, on n'avait jamais vu pareille monture aux alentours. On se dépêcha d'en informer Latulipe, car la visite de cet étranger n'annonçait rien de bon. Curieusement, l'inconnu refusa de se dévêtir d'un poil. Les demoiselles ne manquaient pas de remarquer l'élégance de cet homme, sa prestance, ses vêtements, ses gants… Pendant que ces jeunes femmes s'attardaient à l'allure de l'invité, les hommes, quant à eux, admiraient plutôt la majestueuse monture qui se dirigeait à la grange en dégageant beaucoup de fumée.

Qu'à cela ne tienne ! Les violoneux se remirent au travail immédiatement et tous reprirent les festivités, à la grande joie de Rose. Bien que le bel inconnu fît l'envie de toutes les demoiselles de la maison, c'est à notre héroïne que le jeune homme proposa une danse. Avec ses yeux perçants et menaçants, il l'avait dans sa mire. Les deux jeunes gens passèrent une bonne partie de la soirée à danser des reels et des cotillons, et la belle Rose en oublia son fiancé esseulé qui supportait tant bien que mal la veillée, accoudé contre une table. Sacré Gabriel ! Il avait beau boire un coup avec les copains, le prétendant passa le temps en jalousant le beau jeune homme qui s'était emparé de sa fiancée. Si les convives avaient tous oublié que, sur le coup de minuit, le mercredi des Cendres s'annonçait à eux, le bonhomme Latulipe, quant à lui, s'en souvenait très bien. Pendant que Rose, atteinte d'une véritable frénésie, virevoltait dans tous les sens au bras de son prince d'un soir, les douze coups d'horloge se firent

entendre. Au signe du regard sérieux de Latulipe, les violoneux s'arrêtèrent immédiatement de jouer. Les fêtards se
retirèrent du plancher de danse et le calme gagna la cabane.
Tous s'arrêtèrent, sauf Rose qui continuait à danser sans
musique, comme une folle. Latulipe lui ordonna de cesser
son manège et elle s'immobilisa d'un coup sec. Elle fit un
geste pour se dégager de son partenaire mais l'inconnu la prit
par le bras. «Dansons encore un peu ma jolie, lui dit-il avec
un sourire narquois en coin.» Rose était subjuguée par le
timbre de sa voix, par les flèches que lui envoyaient ses yeux
perçants et brillants. Même si elle voulut se défaire de cet
effroyable personnage, elle n'eut d'autre choix que de se
laisser porter, hypnotisée voire subjuguée par le charme
magique de son partenaire. Tel un fanfaron, il saisit d'une
main un verre remplit d'alcool laissé sur une table et s'écria
d'une voix terrible : «Je bois à la santé de Satan!» Le jeune
homme prit une gorgée, et au même moment,
ses yeux lancèrent des faisceaux lumineux
dans toute la pièce, repoussant les
invités complètement effrayés. Il
poussa un grondement terrifiant
qui se mêla aux cris et aux hurlements des convives. Puis il se
pencha vers Rose et l'embrassa
violemment malgré la flamme
bleue qui jaillissait de sa bouche.

    Mais le bonhomme Latulipe
avait la foi. Convaincu d'avoir à
faire au Diable en personne, il
somma le gringalet d'aller chercher le curé qui, heureusement, habitait seulement à

quelques pas. Comme un brave homme, le curé arriva chez Latulipe en courant à pleines jambes. Il interpella la Bête d'un ton autoritaire : «Lâche cette jeune fille, Satan! Je te l'ordonne!» Le regard de l'étranger se tourna vers le prêtre qui lui montra aussitôt sa croix bénie pour le chasser de la maison. Le Diable poussa alors un cri terrible et s'effaça de l'endroit comme un fantôme, produisant une fumée noire et épaisse. Dans la cabane de Latulipe, il était impossible de voir où était passé celui qui s'y était introduit à l'improviste, pas plus que son cheval qui avait disparu de l'écurie.

Grands peurs et misères à Cloridorme! Le curé du village réussit à chasser Satan des environs, mais la maison de Latulipe prit dès lors en feu. Le lendemain matin, aux aurores, on ne vit que des cendres et de la fumée qui s'échappaient encore du brasier tout chaud. Croiriez-vous, cher lecteur, chère lectrice, que le sort de la pauvre Rose diffère ici de la version originale de la légende? Eh bien oui! Mais vous pouvez vous fier à ce qui suit parce que c'est la vérité pure, celle qui tient depuis près de trois cents ans. Gabriel, qui assista comme tous les autres à cette scène d'épouvante, pratiquement mort de peur lui-même, trouva sa fiancée le lendemain. Après une nuit qui s'était éternisée tant le choc était grand, il aperçut sa fiancée vieillie de cinquante ans, la peau ridée, les cheveux cendrés comme les vestiges de la cabane qui gisaient au beau milieu du village. La brûlure que lui avait infligée Satan était encore vive, mais le choc d'avoir fait sa connaissance la faisait souffrir encore davantage… Son esprit affaibli avait peine à se manifester ce matin-là, tant le Diable l'avait écorché. Le bonhomme Latulipe avait de la difficulté à le croire, lui qui adorait tant sa fille et qui l'avait vue grandir depuis sa tendre enfance.

Quelques jours plus tard, Rose Latulipe rendit l'âme, comme si le Diable la lui avait volée en l'embrassant. Mais n'allez surtout pas croire qu'elle l'avait vendue!

Bibliographie

BEAUGRAND, Honoré, et Louis FRÉCHETTE. *Contes québécois,* Montréal, Éditions Ville-Marie, 1981.

BOUCHER, Georges (de Boucherville). *Une de perdue, deux de trouvées,* Montréal, Hurtubise HMH, 1973.

DE GASPÉ, Philippe Aubert. *Les anciens canadiens,* Saint-Laurent, Bibliothèque québécoise, 1999.

FERRON, Jacques. *Contes,* Montréal, Presses de l'Université de Montréal, 1998.

MARIE-VICTORIN, Fr. *Croquis Laurentiens,* Paris & Tournai, Casterman, 1920.

VILLIERS-DE-L'ÎSLE-ADAM, Auguste. *Contes Cruels,* Paris, Gallimard, 1992.